Frank Mangelsdorf (Hg.)

EINST UND JETZT
KIRCHEN IM ODERBRUCH

Texte: Steffen Göttmann, Ulf Grieger, Bärbel Kloppstech, Ines Rath, Reinhard Schmook, Wiebke Schönherr, Doris Steinkraus, Sabine Steinbeiß, Mandy Timm, Nadja Voigt

Fotos: Herrmann Gnädig, Kirchenchronik, Bärbel Kloppstech, Michael Märker, Johann Müller, Neumärkische Heimatbilder, Oderlandmuseum Bad Freienwalde, Ortschronik Rathstock, Archiv Seelow, Ephoralarchiv Seelow, Reinhard Schmook, Wiebke Schönherr, Sabine Steinbeiß, Hannelore Siebenhaar, S. Uebelhack, Oliver Voigt, Eckhard Wagner

EDITION BRANDENBURG

ISBN 978-3-941092-45-7

Die Deutsche Nationalbibliothek verzeichnet diese Publikation in der Deutschen Nationalbibliografie; detaillierte bibliografische Daten sind im Internet über http://dnb.d-nb.de abrufbar.

CULTURCON medien
Bernd Oeljeschläger

Choriner Straße 1, 10119 Berlin
Telefon 030/34398440, Telefax 030/34398442

Ottostraße 5, 27793 Wildeshausen
Telefon 04431/9559878, Telefax 04431/9559879

www.culturcon.de

Redaktion: Andreas Oppermann, MOZ-Redaktion GmbH
Gestaltung: Kathrin Strahl, Berlin
Druck: Silber Druck OHG, Niestetal

Berlin/Wildeshausen 2011

Mit freundlicher Unterstützung der Evangelischen Kirche Berlin-Brandenburg-schlesische Oberlausitz

EVANGELISCHE KIRCHE
Berlin-Brandenburg-schlesische Oberlausitz

Mit über 3 000 Seen und etwa 33 000 Kilometern Flüssen und Kanälen ist Brandenburg das gewässerreichste Bundesland in Deutschland. Duftende Kiefernheiden, Wiesen, Felder und jede Menge Sand machen den eigentümlich herben Liebreiz der „Streusandbüchse“ sowie die Schönheit der märkischen Landschaft aus.

Das fünftgrößte deutsche Bundesland hat viele Gesichter. Eines davon ist das rund 60 Kilometer lange Oderbruch. Das Gebiet wurde unter Friedrich II. trockengelegt und wuchs zu einer, wie schon Fontane berichtete, anmutigen Landschaft mit wechselndem Charakter heran. Als der schriftstellernde Apotheker vor etwa 150 Jahren seine Wanderungen durch die märkischen Lande unternahm, gerieten immer wieder die Kirchen in sein Blickfeld. Deren Türme waren seine Wegmarken. Sie gehören bis heute zum Landschaftsbild von Brandenburg und waren schon damals die ersten Boten, die weit sichtbar von den kleinen Städten und den stillen Dörfern kündeten. In den Gotteshäusern aus Feldstein, Fachwerk oder Backstein traf Fontane auf die Kirchenleute, die meist sehr genau Kenntnis über die Geschichte des Ortes und des Bauwerkes besaßen.

Viel hat sich seit dieser Zeit verändert. Die Kirchenleute sind weniger geworden. Die Kirchgänger auch. Das Land an der Oder ist eine leidgeprüfte Landschaft. Der Zweite Weltkrieg hat hier furchtbare Wunden hinterlassen. Auch in den Kirchen brach sich menschliches Leid. Sie blieben von den Kämpfen im April 1945 und von den Umbrüchen der Nachkriegszeit nicht verschont. Oft waren sie Zufluchtsstätten in größter Not. Vielen Gotteshäusern nahm man die Glocken, sprengte die Türme. Die Kirchenschiffe wurden geplündert, verwüstet und ein Opfer der Flammen. Bei vielen Gebäuden, die das Grauen überdauert hatten, löschte der Abriss in der Nachkriegszeit aus, was der Krieg übrig gelassen hatte. Eine Region wurde damit ihrer Identität beraubt. Nur wenige Gotteshäuser blieben unzerstört erhalten oder sind als Ruine steinerne Zeugen der Geschichte. Die folgenden Seiten wollen einen Überblick geben über das, was war, und das, was in den Gemeinden diesseits der Oder heute ist.

Frank Mangelsdorf
Chefredakteur der Märkischen Oderzeitung

INHALT

3_ Einführung von Frank Mangelsdorf
Chefredakteur der Märkischen Oderzeitung

6_ **Altlangsow**
10_ **Altmädewitz**
12_ **Altreetz**
15_ **Alt Tucheband**
18_ **Altwriezen**
22_ **Altwustrow**
25_ **Bleyen**
27_ **Bliesdorf**
30_ **Bralitz**
34_ **Buschdorf**
38_ **Carzig**
42_ **Dolgelin**
45_ **Genschmar**
48_ **Golzow**
51_ **Groß Neuendorf**
56_ **Gusow**
60_ **Hathenow**
62_ **Hohenjesar**
65_ **Hohensaaten**
70_ **Kienitz**
75_ **Kleinbarnim**
78_ **Küstrin-Kietz**
82_ **Kunersdorf**
85_ **Letschin**
90_ **Mallnow**
94_ **Manschow**
98_ **Neubarnim**
102_ **Neuhardenberg**
108_ **Neuküstrinchen**
112_ **Neulangsow**
114_ **Neuewin**
118_ **Neumädewitz**
122_ **Neutornow**
126_ **Neutrebbin**
128_ **Niederjesar**
132_ **Ortwig**
136_ **Platkow**
140_ **Podelzig**
144_ **Rathstock**
147_ **Reitwein**
150_ **Sachsendorf**
156_ **Schönfließ**
160_ **Seelow**
166_ **Sietzing**
168_ **Sophienthal**
172_ **Wilhelmsaue**
175_ **Wriezen**
178_ **Wuschewier**
182_ **Zechin**

Schul- und Bethaus Altlangsow um 1930.
Zeichnung in: Märkische Heimat Nr. 23
vom 6. 11. 1931.

Foto: Hannelore Siebenhaar

In Altlangsow vereinen sich Kirche und Schule unter einem Dach. Das hiesige Bethaus wurde 1831/32 nach einem Entwurf des großen Baumeisters Karl Friedrich Schinkel errichtet. Hinter der unscheinbar wirkenden Fassade aus Backstein und Fachwerk verbirgt sich ein stimmungsvoller gottesdienstlicher Raum. Diesen Betsaal überspannt ein hölzernes Tonnengewölbe, das mit einer dezenten Kassettenmalerei versehen ist. Er ist durch zwei Reihen dorischer Holzsäulen in drei Schiffe geteilt. Die schmaleren Seitenschiffe sind flach gedeckt. Ein Raum im Dachgeschoss des südöstlich angebauten Schulhauses ist als Sängerempore ausgebaut und öffnet sich im Rundbogen zum Betsaal.
Bis zum Jahre 1853 war die Parochie Altlangsow ein Teil der Parochie Seelow, wodurch das kirchliche Leben schon allein wegen der Entfernung von Seelow und des trostlosen Zustandes der Wege erheblich litt. Ab 1853 durfte der Lehrer im Bethaus Lesegottesdienste halten, bis der erste Pfarrer namens Matthes eingeführt wurde.
Zusammen mit dem Schul- und Bethaus wurde nordwestlich davon auch ein Glockenturm errichtet. In ihm hingen zwei 1832 von H. C. Lange in Frankfurt (Oder) gegossene Glocken. Der Turm erfüllte seinen Zweck fast ein Jahrhundert lang, bis er 1929 abgerissen werden musste. Zu Pfingsten desselben Jahres wurde ein neuer, um etliches höherer Turm in Dienst gestellt. Der Neulangsower Bauunternehmer Kalk hatte diesen Turm mit von der Gemeinde gesammelten Spenden errichtet.
Im Jahre 1974 fand im Betsaal der letzte Gottesdienst statt. Seitdem war er von der Kirchengemeinde nicht mehr genutzt worden. In den 1980er Jahren ging er in den Besitz der politischen Gemeinde über. Den maroden Saal wollte man für Fest- und Feierlichkeiten herrichten, während sich im Schulteil Wohnungen befanden. Zuerst wurde das Dach neu gedeckt. 1986 begannen Rekonstruktionen an den Gefachen, Balken, Säulen, am Tonnengewölbe sowie an den Türen, Fenstern und Fußböden. Ab 1988 konnte zu ersten Ausstellungen und Kulturveranstaltungen eingeladen werden. Kurz nach der Wiedervereinigung kam es 1991 zur Gründung des „Fördervereins Schul- und Bethaus Altlangsow", der das Haus als Begegnungsstätte und Kunstgalerie noch heute betreibt. Den rührigen Mitgliedern gelang es, die umfassende Sanierung der Schul- und Bethauses bis 1995 abzuschließen. Bereits am 10. Dezember 1994 fand die offizielle Übergabe des restaurierten Hauses an den Förderverein statt. Seitdem ist das Baudenkmal ein Tempel der Kunst mit niveauvollen Ausstellungen namhafter Künstler, Plainairs, Symposien und Lesungen.

Reinhard Schmook

Am 23. März 1838 gab die Königliche Regierung in Potsdam, Abteilung für die Kirchenverwaltung und das Schulwesen, öffentlich Folgendes bekannt: „Die Gemeinde zu Alt-Medewitz im Oberbarnimschen Kreise hat mit einem Kostenaufwande von 4 000 Thalern für sich eine Kirche erbaut, wozu jedes Gemeindeglied einen Beitrag von Zweihundert Thalern hergegeben hat, was wir hiermit belobigend zur öffentlichen Kenntniß bringen."
Diese Kirche wurde 1837 gebaut und am 19. November jenes Jahres feierlich in Nutzung genommen. Ein Kranz, den die Jungfrauen des Dorfes zu diesem Tage geflochten hatten, befindet sich noch heute unter einem hohen Glassturz links am Kanzelaltar. In jener Zeit waren aus den einst armseligen Mädewitzer Fischern in der dritten Generation reiche Bauern geworden. Erst jetzt fiel ihnen auf, dass sie als letzte Altsiedlung im Bruch noch keine eigene Kirche hatten. Ein eigenes Gotteshaus sah man als wichtiges Statussymbol und Ausdruck des neu gewonnen Wohlstandes an. Da 1828 ein Versuch scheiterte, der Obrigkeit das nötige Geld für den Bau zu entlocken, griffen sie schweren Herzens in die eigene Tasche, rissen das in der Dorfmitte stehende Brauhaus ab und ließen sich von dem Wriezener Maurer- und Zimmermeister Friedrich einen Situationsplan des Dorfes, die Bauzeichnungen und die Kostenanschläge fertigen. Den Bau selbst besorgte ebenfalls Meister Friedrich. Auch die Tischlerarbeiten erledigte ein Wriezener Handwerksmeister namens J. F. Graßhof. Das Dorf Altmädewitz gehört bis heute zur Kirche in Wriezen. Als die neue Kirche fertig war, kam regelmäßig einer der drei Wriezener Pfarrer ins Dorf, um hier den Gottesdienst zu halten.
Das Kircheninnere ist äußerst bescheiden gehalten. An dem rechts vor dem Altar stehenden Pfeiler ist der höchste Wasserstand der schweren Flutkatastrophe vom 16. März 1838 angezeichnet. Das Wasser stand in der Kirche damals 75 Zentimeter hoch. Die von der Berliner Orgelwerkstatt Lange und Dinse für 1100 Taler gekaufte Orgel wurde am 1. Weihnachtstag des Jahres 1845 in Betrieb genommen.
1870 erhielt die Kirche zwei von C. Voß in Stettin gegossene Glocken, die aber im Ersten Weltkrieg abgeliefert wurden. Seit 1920 hängen zwei Stahlglocken vom Bochumer Verein im Turm, die folgende Inschrift tragen: „Im Weltkrieg verschwand ich zu Deutschlands Wehr. Aufs neue erstand ich zu Gottes Ehr. Im Jahre 1920. Dorfgemeinde Altmedewitz." Eine Gedenktafel für die im Ersten Weltkrieg gefallenen Altmädewitzer wurde während der Jubiläumsfeier zum 100-jährigen Bestehen der Kirche am 28. November 1937 enthüllt.

Die Altmädewitzer Kirche um 1955. Foto: Oderlandmuseum Bad Freienwalde

Foto: Hannelore Siebenhaar

Mit ihrer sparsamen klassizistischen Einrichtung, dem Kanzelaltar und den Emporen für die Bauernsöhne und die Knechte hat die Kirche fast unverändert – und auch nicht vom Kriegsgeschehen des Jahres 1945 betroffen – die Zeiten überdauert. Doch der Zahn der Zeit nagt unablässig an der Bausubstanz und den hölzernen Einbauten. Erste Sanierungsarbeiten am Turm begannen 1987; von außen macht das Kirchlein mit dem niedrigen Turm noch einen ganz passablen Eindruck. Als 2004 klar wurde, dass umgehend der Dachstuhl und das Dach repariert werden müssen, um die Kirche vor dem schleichenden Verfall zu retten, gründete sich noch im selben Jahr der „Förderverein Dorfkirche Altmädewitz". Der kümmert sich im Zusammenwirken mit der Kirchengemeinde seitdem um die Beschaffung der nötigen Mittel zur Erhaltung dieses für die Identität des Dorfes und seiner Bewohner so wichtigen Bauwerks.

Reinhard Schmook

Tuschzeichnung der Kirche Altreetz aus dem Jahre 1897.
Foto: Oderlandmuseum Bad Freienwalde

Foto: Hannelore Siebenhaar

Das alte Reetz gehörte seit dem Mittelalter zur Kirche In Wriezen. Auf dem dortigen Kirchhof beerdigten die Reetzer bis Ende des 17. Jahrhunderts ihre Toten. Eine eigene Kirche besaßen sie allerdings schon 1577, in der der Wriezener Pfarrer gelegentlich Gottesdienste hielt. Dazu musste er jedes Mal mit dem Kahn aus Wriezen abgeholt werden. Diese Kirche soll im Dreißigjährigen Krieg 1641 abgebrannt sein.

Aus einer 1747 gefundenen Turmknopfurkunde ging hervor, dass Altreetz spätestens 1664 wieder eine benutzbare Kirche hatte. Bei einem Dorfbrand im Jahre 1764 ging auch diese Kirche in Flammen auf. Der anschließende Neubau aus Holz wurde am 27. November 1768 in Nutzung genommen. 1783 schaffte sich die Gemeinde eine Orgel an. Bei dem verheerenden Großfeuer am 7. April 1824 sank die Kirche in Schutt und Asche.

Die vierte, bis heute erhaltene Kirche wurde in den Jahren 1827/28 an der alten Stelle errichtet. Dazu läutete die neue Glocke aus der Werkstatt des Berliner Glockengießers Johann Carl Hackenschmidt. 1848 kamen zwei weitere Glocken hinzu, die ein Jahr zuvor bei Cornelius Rubon in Berlin gegossen wurden. Die kleinere davon dient noch heute als Uhrschlagglocke. Schließlich goss Meister Rubon 1855 noch eine weitere Glocke.

Die Altreetzer Kirche ist ein rechteckiger Putzbau mit einem quadratischen Turm. Im Innern hat sie eine dreiseitige Empore mit bis zur Decke durchlaufenden Stützpfeilern. 1840 konnte sich die Gemeinde wieder eine Orgel leisten. Der hohe Kanzelaltar zwischen vier Kolossalpilastern kam in der Mitte des 19. Jahrhunderts in die Kirche.

Im Ersten Weltkrieg büßte das Gotteshaus die beiden großen Glocken von Hackenschmidt (1825) und Rubon (1855) ein, die 1917 bei der Heeresrohstoffverwaltung abgeliefert werden mussten. Im Streben nach Vervollständigung des einstigen Dreiergeläuts konnte 1925 eine erste, von Christian Störmer in Erfurt gegossene Bronzeglocke beschafft werden. Die Beschaffung der dritten verhinderte der Kriegsausbruch 1939. Im März 1940 begann die größte, dem Kriege dienende industriell betriebene Glockenvernichtung in Deutschland. Ihr fielen nicht weniger als 80 000 Glocken zum Opfer. Während dieser Aktion holte man 1943 die kleine Glocke von Rubon vom Altreetzer Kirchturm, so dass 1945 lediglich die alte Uhrglocke und die Glocke von Störmer aus dem Jahre 1925 übrig waren.

Bei den Kampfhandlungen im April 1945 trug die Kirche nur geringe Schäden davon. Die reparierte Stelle eines Granattreffers im Dachstuhl sowie diverse Einschusslöcher im Putz zeugten noch bis 1995 von den schweren Kämpfen. Ab 1956 wurde die Gemeinde vom Pfarramt Neuküstrinchen aus betreut. In den 1970er Jahren bekamen Kirche und Turm ein neues Dach.

Nach der Wende war es möglich geworden, eine Generalsanierung des klassizistischen Gotteshauses in Angriff zu nehmen. Anfang 1992 begannen die Arbeiten. Im Sommer 1994 erfolgte die Erneuerung des Kirchendachstuhls samt Neueindeckung des Daches. Kurz vor Weihnachten 1994 sind die neuen Fenster eingebaut worden, wonach die Innenrenovierung beginnen konnte. 1996 erhielt die sanierte Kirchendecke eine neue Farbfassung. Im selben Jahr ist auch der gesamte Außenputz am Kirchenschiff erneuert worden, so dass am 12. Oktober 1996 in einem Festgottesdienst der vorläufige Abschluss der Sanierungsarbeiten gefeiert werden konnte. Generalsuperintendent Dr. Wischnath würdigte in seiner Predigt das überdurchschnittliche Engagement der Altreetzer und hob dabei besonders die persönlichen Verdienste des Baubeauftragten der Kirchengemeinde, Karl-Heinz Steffen, hervor.

Als die notwendigen Mittel aufgebracht waren, beauftragte man die Kunstgießerei Lauchhammer, zwei neue Glocken zu gießen. Beide Glocken konnten am 28. November 1997 nach Altreetz gebracht werden. Die größere trägt die Inschrift: Friede sei ihr erst Geläute. Gegossen zur Zeit der großen Flut Sommer 1997". Auf der kleinen stehen die Worte: „Gott mit uns". Nach der feierlichen Einsegnung der neuen Glocken erscholl nach 54 Jahren wieder der wunderschöne Dreiklang in die still daliegende Oderbruchlandschaft.

Mit der Restaurierung der 1840 von dem Berliner Meister Karl August Buchholz gebauten Orgel fand im Herbst 1998 die komplette Erneuerung der Kirche ihren Abschluss.

Reinhard Schmook

„Von Dolgelin aus hat die Wehrmacht unsere Kirche zerstört. Nur die Nordwand war noch stehen geblieben.“ Horst Kupsch, Kirchenältester und Alt Tuchebander „Ureinwohner“, kennt die Kirchengeschichte seines Ortes seit rund 75 Jahren. Er hat 1945 gesehen, wie sich die vom Treck zurückgekehrten Dorfbewohner und Vertriebenen aus dem Schutt von Pfarrhaus und Kirche Baumaterial für ihre Siedlungshäuschen holten. Die ersten Friedens-Gottesdienste fanden in Krügers Gastwirtschaft „Deutsches Haus“ statt, wo auch die ersten Schulstunden gehalten wurden.

Der aus Schlesien vertriebene Pfarrer Karl Liesert stoppte allerdings den weiteren Abbruch und sorgte gemeinsam mit den Gemeindemitgliedern für den Wiederaufbau des Pfarrhauses. Hildegart Sucker, auch sie war mit ihrer Familie aus Schlesien vertrieben worden und 1947 ins Oderbruch gekommen, gehörte zu den Aufbauhelfern, die die Steine für die Wiederverwendung abklopften. „Viel Zeit hatten wir alle nicht. Jeder war damit beschäftigt, seine Existenz aufzubauen“, erinnert sie sich. Die Kirchengemeinde habe die damals 21-Jährige sehr gut aufgenommen. Vor 60 Jahren muss das Pfarrhaus mit Gemeindesaal wieder nutzbar gewesen sein.

Die Kirchenchronik des noch bis 1982 selbständigen Pfarramtes und der bis 1998 zum Sprengel Sachsendorf gehörenden Kirchengemeinde ist verschwunden. Fakt ist aber, dass Margot Ziebetzki 1951 bereits im Pfarrhaus ihre Tochter taufen ließ. Sieglinde Schenk erzählt, dass sie dort 1953 konfirmiert wurde. In jenem Jahr wurde auch die Glocke gegossen, die in dem Schauer am Pfarrhaus hängt und abwechselnd von den Kirchenältesten geläutet wird.

Die ursprünglichen Alt Tuchebander Glocken sind zerstört oder verschollen, heißt es in dem Buch „Kirchen im Oderbruch“. Demnach gab es zwei von 1769. Die eine wurde 1881 umgegossen, die andere – mit der Inschrift „Graf von Kameke“ – wird vermisst. In einem Zeitzeugenbericht fand sich die Nachricht, dass Sowjetsoldaten die bei Aufräumarbeiten gefundenen Glocken abtransportiert haben sollen. Zwei Glocken hatten die Alt Tuchebander bereits für den „Sieg“ im ersten Weltkrieg 1917 abgeliefert.

Das von der Kommune gepflegte Ruinenareal der Kirche war bereits vor der Wende unter Leitung von Herbert Balzer aufgeräumt worden. Dabei legte man auch den Turmstumpf des Bauwerks sowie den Eingang zur Gruft frei. Eine Planierraupe zerstörte die noch gut erhaltenen Tonfliesen des Kirchenbodens. Nach der Wende gestaltete man den gesamten Bereich ähnlich dem Zechiner Kirchareal würdig. „Wir sind der Gemeinde dankbar, dass sie die Pflege übernommen hat“, sagt Pfarrerin Anja Grätz. Seit 1998 gehört Alt Tucheband zum Sprengel Gorgast/Golzow.

Eine Kirche nach Schinkelschen Vorgaben: Margot Ziebetzki hat noch ein Foto von dem 1862 errichteten Gebäude, das auch Elemente des 1355 erstmals erwähnten Vorgängerbaus enthielt.

Für Hut oder Tasche: Patronenhülsen dienen als Kirchbank-Haken. Fotos: Michael Märker

Höhepunkt im Gemeindeleben ist alljährlich das Konzert unter der Eiche. Mit dieser Eiche hat es eine besondere Bewandtnis. Nach dem Befreiungskrieg gegen Napoleon gepflanzt, hat der Baum alle Wirrnisse überstanden und treibt – als Friedenseiche auch ein Hoffnungszeichen – Jahr für Jahr neues Grün aus.

Der Gemeindesaal im Pfarrhaus ist zu den Weihnachtsgottesdiensten gut gefüllt. Dann wirkt auch der Volksmusikant Hölschebure mit. Das Gestühl stammt noch aus der Zeit vor 60 Jahren und ist höchstwahrscheinlich von einem Sachsendorfer Tischlermeister gefertigt worden. Als Kuriosität zeigt Richard Schenk auf die Haken, die in die Rückenlehnen geschraubt wurden. Die Buntmetallröhrchen sollen einmal Patronenhülsen gewesen sein. Eine Legende, an der einige Alt Tuchebander wie Horst Kupsch zwar zweifeln. Aber dass wie im Bibelwort von den „Schwertern zu Pflugscharen" einmal „Patronenhülsen zu Huthaken" geworden sind, ist zumindest eine schöne Parabel an diesem leidgeprüften Ort. Ein Ort, übrigens, der 2011 den 675. Jahrestag der Ersterwähnung feiert. Ein Anlass auch für die Kirchengemeinde, sich mit der Geschichte zu beschäftigen. Margot Ziebetzki, sie gehört zu den letzten noch in der alten Kirche von Pfarrer Dürr konfirmierten Tuchebandern, hat dafür sogar einen historischen Text von 1650 entdeckt, in dem ein Pastor Heinsius die „Leutlein" über die Pest aufklärt, die auch dort das Dorf heimgesucht hatte.

Zu den noch ungeklärten Rätseln gehört das vom als Altarschmuck genutzten expressionistischen Wandtuchbild. Wer die Abendmahlsszene auf das grobe Leinen gemalt hat, ist unbekannt. Horst Kupsch vermutet, dass es ein Geschenk der einstigen Partnergemeinde bei Duisburg gewesen sein könnte.

Ulf Grieger

Um 1957 sind der Turm und das Dach der Fachwerkkirche schon mit zahlreichen Löchern versehen. Foto: Oderlandmuseum Bad Freienwalde

Der Taufengel stammt aus dem Jahr 1703. Foto: privat

Auf dem Wohnzimmertisch von Jürgen Köppen wird die Fachwerkkirche Altwriezen wieder lebendig. Der Kirchenälteste hat versucht, Unterlagen zur 1973 abgerissenen Kirche zu sammeln und aufzubewahren. „Viel ist von der Innenausstattung nicht übrig geblieben. Von der Kanzel wurden vier Schnitzfiguren gerettet, die von der Kirchengemeinde sicher aufbewahrt werden", sagt Jürgen Köppen. Der Fachwerkbau fiel jedoch nicht dem Zweiten Weltkrieg zum Opfer, sondern erst viele Jahre später einer Abrissbrigade. Damit endete eine jahrhundertelange Kirchengeschichte.

Im Jahr 1606 wurde den Altwriezener Fischern erlaubt, „für ihr Geld eine Kirche zu bauen". Dieser Bau scheint zwischen 1620 und 1630 zur Ausführung gekommen zu sein. Im Jahr 1684 war das Gotteshaus bereits stark baufällig. „Acht Jahre später wurde nach dem Vorbild des Rathstocker Kirchturms ein neuer Turmbau vollendet", weiß Reinhard Schmook, Leiter des Oderlandmuseums

Blick ins Innere: Über der imposanten Orgel sind im Jahr 1968 schon viele Wasserschäden erkennbar. Foto: Oderlandmuseum Bad Freienwalde

in Bad Freienwalde. Nach einer größeren Reparatur 1733 baute zwei Jahre später der berühmte Baumeister Joachim Wagner eine Orgel ein. 1744/45 wurde wiederum ein neuer Turm gebaut, und zwar von dem Zimmermeister Voigt und dem Maurermeister Neubarth aus Wriezen. Doch auch dieser Bau war nicht von Bestand, denn schon 1769 bis 1771 ist die Kirche in einfachem Fachwerk völlig neu erbaut worden. Ein letzter Umbau im Jahr 1842 gab ihr das Aussehen, das sie bis 1973 hatte, so Reinhard Schmook.

„Das Innere mit hohen Emporen machte einen freundlichen und anheimelnden Eindruck", heißt es im Buch „Kirchen im Oderbruch und ihre Schicksale seit dem Frühjahr 1945". Die letzte Orgel stammte aus dem Jahr 1869 von dem Orgelbaumeister Landow in Berlin. Auf den beiderseits angeordneten Emporen standen in langer Reihe die Bauernstühle der Besitzer mit Namenskürzel und Jahreszahl. An den Wänden hingen verzierte Konsolen mit den Totenkronen jung verstorbener Altwriezener, heißt es. „Diese besondere typische Oderbruchkirche hatte den Krieg mit geringen Schäden überstanden. Zunächst wurde sie weiter benutzt und auch instand gehalten", erklärt der Leiter des Oderlandmuseums. In den 1960er Jahren begann der Verfall. „Nicht zuletzt unter dem Einfluss der zunehmenden Auflösung der alten Dorfgemeinschaft." Die klein gewordene Kirchengemeinde konnte größere Reparaturen nicht mehr bezahlen. Im November 1972 fügte ein schwerer Sturm dem Gebäude weitere Schäden zu. Es war nun nicht mehr benutzbar und nur noch unter sehr hohen Kosten zu sanieren. „So folgte 1973 der Abriss, dem leider auch fast die gesamte Innenausstattung zum Opfer fiel. Für die Kirchenlandschaft des Oderbruches bedeutet dies einen unersetzlichen Verlust", betont Reinhard Schmook.

Heute steht an ihrer Stelle eine Baracke, eine sogenannte Notkirche, in der sich die Gemeinde versammelt. Daneben läuten in einem eisernen Stuhl drei Bronzeglocken aus dem Jahr 1922. Dafür ist Jürgen Köppen zuständig. „Am schönsten ist es zu Silvester um Mitternacht", sagt der Altwriezener. Die immer kleiner werdende Kirchengemeinde trifft sich in der daneben errichteten Baracke. „Eigentlich sollte damals ein Gemeindehaus gebaut werden", weiß Christian Moritz. Der Wriezener Pfarrer hat extra in den alten Unterlagen gesucht und eine Notiz von einem zerlegbaren Barackenhaus gefunden. „Heinz Herter hat sich jahrelang für den Erhalt der Notkirche engagiert", betont Jürgen Köppen.

Sabine Steinbeiß

Überbleibsel: Jürgen Köppen steht am Glockenstuhl in Altwriezen, dem Rest der Fachwerkkirche, die 1973 abgerissen wurde. Dahinter befindet sich die Notkirche. Foto: Sabine Steinbeiß

Die Altwustrower Kirche am 5. Oktober 1986. Foto: Reinhard Schmook.

Im Jahre 1789 haben sich die damals 13 Besitzerfamilien der Oderbruchgemeinde Wustrow aus eigenen Mitteln diese Kirche erbaut. Der Bau geschah ohne den Segen des Rentamtmannes in Kienitz, der sich hintergangen fühlte und auf Wiederabriss bestand. Die Gemeinde aber konnte dies nach einigem Hin und Her verhindern. Darauf bezieht sich die Inschrift an der Brüstung hinter dem Kanzelaltar: „Gott zu Ehren hat eine Christliche Gemeine nehmlich AlltWustrow Anno 1789 dieses Gottes Hauß aus ihren eigenen Mitteln Neu erbauet." Dem kleinen, im Jahre 1875 verputzten Fachwerkbau mit Krüppelwalmdach wurde 1832 ein Turm aus geputztem Mauerwerk angebaut. In ihm hängt eine Glocke mit der Inschrift: „Der Gemeine zu Alt Wustrow gegossen den 6ten July 1832 von E. L. W. Thiele in Berlin".

Die Altwustrower Kirche zählt zu den wenigen Oderbruchkirchen des 18. Jahrhunderts, deren reizvolle Innenausstattung nahezu vollständig erhalten ist. Sie besteht aus einem Kanzelaltar mit vorgestellten Säulen und rückwärtigen Pilastern. Die mittig auskragende Kanzel ist verziert mit Schnitzereien aus Girlanden, floralen und figürlichen Darstellungen. Am Kanzelkorb zeigt eine Rocaillekartusche das Lamm Gottes, während den Schalldeckel auf dem Giebelaufsatz zwei stehend musizierende Posaunenengel zieren. Das barocke Kastengestühl wird oben abgeschlossen durch ein umlaufendes, bordürenartiges Schnitzwerk mit durchbrochenen Ranken. Es ist in drei Reihen aufgestellt. Die auf ionischen Säulen ruhende Empore umschließt dreiseitig den Kirchenraum. Auf ihrer Brüstung finden sich Rosetten, Vasen, Blumengehänge und Girlanden. Zu den Ausstattungsstücken gehört auch ein schwebender, farblich gefasster Taufengel.

1845 baute die Berliner Orgelbauwerkstatt Lange und Dinse eine Orgel mit elf Registern.

Die Holzdecke des Kirchenraumes trägt zwei Farbfassungen. Direkt auf die Holzbohlen der Decke wurde in barocker Malweise ein Himmel mit strahlender Sonne und rötlichen Wolken aufgemalt. Um 1890 wurde die Decke mit Zeitungspapier überklebt, das als Träger für die zweite Malschicht dient. Sie zeigt ein Medaillon im Sternenkranz, eine goldene Sonne mit einer von Rankenwerk umgebenen weißen Taube, einen gemalten Adler und zwei Kreuze an den Stirnseiten. Wegen einiger Wasserschäden wurde diese Decke im Jahre 1960 mit Presspappe verschalt.

Das Kirchengebäude senkte sich in den Folgejahren immer mehr ab. Die Reparaturen in den 1980er und zu Beginn der 1990er Jahre konnten diesen Prozess leider nicht aufhalten. Bis Ende 1999 waren ca. 420 000 Mark in die Restaurierung der Kirche geflossen, zunächst vor allem in die Restaurierung des Altars und des Taufengels. Unter der Regie des „Fördervereins Kirche Altwustrow" und seinem rührigen Vorsitzenden Claudio Jarczyk wurden weitere Mittel gesammelt, mit denen der Untergrund stabilisiert und die Kirche schließlich im Jahre 2001 mit Hydraulikpressen um 15 Zentimeter angehoben wurde.

Mit Mitteln der Landeskirche, des Kirchenkreises Oderbruch, der Kirchengemeinde, des Fördervereins sowie der Deutschen Stiftung Denkmalschutz, der Reemtsma-Stiftung und der Robert-Bosch-Stiftung konnte die Altwustrower Kirche bis 2004 weitgehend restauriert werden. Zuletzt erfolgte bis Ende 2006 die Restaurierung der bemalten Papierdecke. Am Karfreitagsgottesdienst des Jahres 2007 erstrahlten auch die Wandflächen des Kircheninnenraumes wieder in ihren blauen Farbtönen. Nach und nach soll das Innere der Kirche weiter vervollkommnet werden.

Reinhard Schmook

Die Bleyener vertrauen auf Gott und den Deich. Wer das vor 50 Jahren errichtete Kirchlein auf dem Neubleyener Friedhof betritt, hat ein bisschen das Gefühl, in eine Schiffskajüte hinab zu steigen. Das Fensterchen hinter dem Altar gibt den Blick auf den Deich und das nahe Küstrin, die Mutterstadt des Dörfleins, frei. Küstriner waren es, die nach 1820 auf den alten Magazinen ihrer Stadt die Kolonie anlegten. Noch immer finden die Neubleyener in ihren Gärten den Schutt der einstigen Speicheranlagen, sagt Werner Zäh. Der 70-Jährige war 1948 als Flüchtling aus dem heute polnischen Reppen (Weststernberg) nach Altbleyen gekommen. Die Familie hauste in einer Futterküche, bis sich der Vater bei Wilhelm Pieck beschwerte.

Wann wurde das Kirchlein gebaut? Ganz genau weiß das niemand. Aber, dass der benachbarte Tischlermeister Otto Kaepernick das Gebäude errichtet hat, ist sicher. Das Gestühl baute er aus alten Möbeln. „Als ich 1958 konfirmiert wurde, gab es die Kirche noch nicht", weiß Ingrid Pötsch. Gottesdienste fanden zuvor in der Schule statt. Die befand sich nach 1945 im Altbleyener Gutshaus, bis 1950 das Schulhaus Neubleyen wieder aufgebaut war. In Neubleyen, auf dem Grundstück von Emma Giebler, stand ebenso ein Bauwagen der Goßner-Mission wie am Pfarrhaus von Küstrin-Kietz. Und noch eine Behelfskirche gab es im Gemeindeteil Neuschaumburg. Die Stelle ist heute völlig zugewachsen. In der Waschküche von Emma Giebler fand die Bibelstunde statt. Elisabeth Jordan, die Katechetin, war seit 1953 dort aktiv. 1963 hat Werner Zäh bereits in der Kapelle seine Margit geheiratet. Mit ihr war er schon im Religionsunterricht zusammen.

Das Bleyener Kirchlein hat ursprünglich genauso ausgesehen wie die Behelfskirche von Sophienthal. Dass es der kleinen Gemeinde in den vergangenen Jahren gelungen ist, daraus ein richtiges Schmuckkästchen zu machen, liegt auch an einer größeren Spende aus dem Ort. So war es möglich, das Gebäude gründlich zu sanieren. In diesem Jahr wurde der Fußboden erneuert, auch neue Möbel wurden gekauft.

Die Bleyener lieben ihre Kirche. Selbst aus Küstrin-Kietz kommen Gemeindeglieder gern dorthin. „Wenn ich beim Gottesdienst durchs Fenster schaue, dann erfreue ich mich am schönen Blick auf die sich verändernde Natur", schwärmt Werner Zäh. Er ist der Glöckner von Bleyen. Bei kirchlichen Anlässen läutet er die Glocke, die die Inschriften „Herr lehre uns beten" und „Friede sei mit euch" trägt. Woher diese Glocke stammt, weiß niemand so genau.

Ulf Grieger

Schmuckkästchen: Ingrid Pötsch, Werner Zäh und Edith Kaboth kümmern sich um das Kirchlein. Foto: Johann Müller

Rückblick: So sah die kleine Kapelle auf dem Friedhof Neubleyen gleich nach der Wende 1991 aus. Foto: Michael Märker

Noch heute erinnern die Einschusslöcher an der Kirche in Bliesdorf an die Geschehnisse im Jahr 1945. „Damals brannte die Kirche völlig aus", erzählt Reinhard Biebermann. Seit 25 Jahren ist er Mitglied im Gemeindekirchenrat. „In dritter Generation", sagt der 55-Jährige. Denn auch sein Vater und Großvater waren mit der Kirche in Bliesdorf eng verbunden. „Beide halfen beim Aufbau der Kirche", sagt Biebermann, der in dem Gotteshaus getauft und konfirmiert wurde. Denn der Rohziegelbau in neugotischer Form, der in den Jahren 1881/82 gebaut wurde, ist im Zweiten Weltkrieg stark beschädigt worden. „Nur die Grundmauern standen noch", berichtet Biebermann. Deshalb hätte das Kreisbauamt den Abriss der Kirche verlangt. „Doch der Gemeindekirchenrat und die Bürger haben sich dagegen zur Wehr gesetzt und die Abrissgenehmigung wurde wieder zurückgezogen. Beim anschließenden Wiederaufbau der ausgebrannten Kirche, deren Turm durch einen Granattreffer fast vollständig zerstört und nie wieder in der ursprünglichen Form aufgebaut wurde, halfen die Bürger Bliesdorfs tatkräftig mit.

„Der Turm jedoch erhielt nur ein flaches Dach. Und weder eine Empore noch eine Orgel fanden Platz in der wieder aufgebauten Kirche", so Biebermann. Beides wurde zerstört. Bis zum Jahr 1952 dauerten die Aufbauarbeiten des Gotteshauses in Bliesdorf an. „Anfang der 1960er Jahre erhielt die Kirche dann ein neues Geläut. Die drei Glocken erklingen noch heute. „Allerdings werden sie inzwischen elektrisch betrieben", sagt Reinhard Biebermann. Zu früheren Zeiten hätten das noch die Konfirmanden im Ort erledigt. Auch ein neuer Altar wurde nach dem Wiederaufbau gebraucht. Im Jahr 1952 bekam die Gemeinde den wertvollen barocken Kanzelaltar aus der Georgenkirche in Bad Freienwalde. Auch sie wurde im Krieg schwer zerstört; und während der Sanierungsarbeiten musste der Altar aus dem Jahr 1698 anderweitig untergebracht werden. „So kam der Altar nach Bliesdorf und blieb dort für zehn Jahre", sagt Reinhard Biebermann. Nach dem Abschluss der Bauarbeiten an der Georgenkirche ersuchte jedoch das Institut für Denkmalpflege dringend um die Rückführung des verliehenen Altars.

Als sich in den darauffolgenden Jahren wieder schwere Schäden an der Georgenkirche zeigten und sie 1972 wegen Baufälligkeit geschlossen werden musste, kam der prachtvolle Altar – nach einigem Hin und Her – 1978 zurück in die Bliesdorfer Kirche. „Diesmal jedoch nicht als Leihgabe für die jährliche Anerkennungsgebühr von einer Mark, sondern als kostenlose Übergabe", so Biebermann. Bis heute schmückt der mit goldenen Verzierungen und Engelsfiguren versehene Altar die Bliesdorfer Kirche. Nach der Wende wurde das Dach des Gotteshauses neu eingedeckt. „Damals war auch im Gespräch, den ursprünglichen Glockenturm wieder aufzubauen", erinnert sich Biebermann. „Aber die finanziellen Möglichkeiten der Kirchengemeinde ließen das einfach nicht zu."

Nadja Voigt

BLIESDORF

Rohziegelbau in neugotischer Form: Die Kirche in Bliesdorf brannte 1945 vollständig aus. Nur dem Engagement der Bliesdorfer Bürger ist es zu verdanken, dass die Kirche wieder aufgebaut wurde. Das Dach des Gotteshauses wurde nach der Wende erneuert. Fotos: Oliver Voigt

Blick in den Altarraum: Der Barockaltar samt goldener Verzierungen und Engelsfiguren stammt aus dem Jahre 1698. Er wurde ursprünglich für die Georgenkirche in Bad Freienwalde gestiftet.

Blick auf die Bralitzer Kirche aus Richtung Alter Oder um 1936.
Foto aus: Neumärkische Heimatbilder. Frankfurt (Oder) 1937, S. 21

BRALITZ

Die Bralitzer gehörten ursprünglich zur Kirchengemeinde Altglietzen, später zu Neuenhagen. Mit der rasanten Zunahme der Einwohnerzahl von Bralitz nach 1871 im Zuge des Ausbaus der Ziegeleien und der Sägewerke kam bald der Wunsch nach einer eigenen Kirche auf. Ein erster Entwurf aus dem Jahr 1874 kam nicht zur Ausführung. 15 Jahre später entschied man sich für das Projekt des Berliner Architekten Milde. Im Herbst 1888 wurden die Fundamente für den Neubau gelegt und am 5. Mai 1889 fand die feierliche Grundsteinlegung statt.

Die feierliche Innutzungsnahme nahm am 7. November 1890 der Generalsuperintendent Braun vor. Dieser Kirchenneubau von beachtlicher Dimension sowie eine Verschiebung der Einwohnerdichte nach Bralitz-Neuenhagen hin führte 1907 dazu, dass Neuenhagen nach Bralitz eingepfarrt wurde, weil hier bereits ein solides Pfarrhaus stand. Die Neuenhagener, die seit 1901 auch eine neue Kirche hatten, konnten solches nicht vorweisen.

Seit nunmehr 120 Jahren steht in Bralitz eine neugotische Kirche mit eingezogenem, 51 Meter hohem Westturm, einem vierjochigen Schiff und einer fünfseitigen Apsis. Das durch abgestufte Strebepfeiler gegliederte Langhaus steht scheinbar auf einem über ein Schräggesims vorspringendem Untergeschoss. Während im Schiff selbst zweiphasige Spitzbogenfenster sitzen, hat das Untergeschoss flachbogige Fensteröffnungen, die den Raum unter den Seitenemporen beleuchten. Der Turm wird von einer achtseitigen Pyramide bekrönt und trägt unter den Uhren rundbogige Schallöffnungen. Links und rechts am Turm befinden sich die Treppenaufgänge zu den Emporen. In einer der beiden Seitenkapellen an der Apsis ist die Sakristei untergebracht.

In das Innere der Kirche gelangt man durch das Turmportal. Beim Betreten des Schiffes ist man überrascht von der stilistischen Geschlossenheit der Ausstattung, die das Auge als sehr angenehm empfindet. Das Kirchenschiff wird von zwei Pfeilerreihen in drei Schiffe geteilt. Die Seitenemporen reichen nur bis zum dritten Joch, so dass der großzügig angelegte Chorraum ganz hervorragend zur Geltung kommt. Altar, Kanzel und Gestühl stammen aus der

Tischlerwerkstatt Köppen in Königsberg/Neumark. An der Kanzel finden sich eine Jesus-Darstellung und die vier Evangelisten samt ihrer Attributen.
Den Krieg hat die Bralitzer Kirche ohne gravierende Schäden überstanden. Nach der gegen Kriegsende erfolgten Zerstörung aller drei Apsisfenster hat 1952/53 die Berliner Glaskünstlerin Katharina Peschel aus den Resten der alten Fenster ein neues geschaffen. Dieses im Mittelfeld des Apsispolygons eingebaute Bildfenster stellt die Taube als Symbol des Heiligen Geistes dar. An der Brüstung der Emporen sind 39 Gedenkkreuze für die im Zweiten Weltkrieg gefallenen Bralitzer angebracht. Sie sind die Fortsetzung der beiden, seitlich des Triumphbogens angebrachten Gefallenentafeln zu den preußisch-deutschen Kriegen von 1812/13 gegen Napoleon bis zum Krieg von 1870/71 sowie zum Ersten Weltkrieg von 1914–18.
Die Orgel auf der Westempore ist im Jahre 1890 als Opus 530 der Firma Sauer in Frankfurt (Oder) gebaut worden. 1917 wurden die zinnernen Prospektpfeifen zu Kriegszwecken abgegeben und durch minderwertige aus Zink ersetzt. Um der Orgel ihr Gesicht und ihr ursprüngliches Klangbild zurückzugeben, suchten im Februar 2011 die Evangelische Kirchengemeinde und der Orgel-Förderverein Insel Neuenhagen Paten für die Beschaffung von Prospektpfeifen aus hochwertigem, silbern glänzendem Zinn.
Im Turm hingen ursprünglich drei von der Berliner Glockengießerei Voß und Sohn gegossene Bronzeglocken, die am 23. Mai 1890 eingesegnet wurden. Zwei von ihnen hat man im Jahre 1917 an die Heeresrohstoffverwaltung abgegeben. Die dritte Glocke tauschte man 1925 gegen ein Geläut aus drei Stahlglocken. Eine Inspektion im Jahre 2004 förderte gravierende Schäden an allen drei Glocken zutage. Nach einer groß angelegten Spendenaktion kam genügend Geld zusammen, sodass Anfang September 2005 das nun mit einer elektronischen Steuerungseinheit ausgestattete und sanierte Läutewerk der Bralitzer Kirche feierlich wieder in Betrieb genommen werden konnte.

Reinhard Schmook

Achteckig wie die Golzower Mutterkirche: So schön sah die Buscher Kirche bis zur Zerstörung 1945 aus.

Auch im Innern beeindruckend: Die Kirche war mit einer für das kleine Dorf ungewöhnlichen Pracht ausgestattet.

„Meine Erinnerungen an unsere Kirche gebe ich nicht her!" Helmut Kätel hat in der 1860er Jahren erbauten Buschdorfer Kirche „alles" erlebt, wie er heute sagt. Taufe, Konfirmation und Hochzeit. Warum dieses Gebäude im neugotischen Stil so eine eigenwillige Form hatte, weiß er ebenso wenig wie Erika Kühnemann, die dort getauft und konfirmiert worden war. Von Verwandten, die vor dem Krieg Kunst und Architektur studierten, weiß Kätel, dass es damals von dieser Art nur sechs Kirchen in ganz Deutschland gegeben hatte.

Mit großem Respekt spricht Helmut Kätel von den Frauen, die die 1958 erbaute Behelfskirche vor drei Jahren renovierten und sich heute liebevoll um das Kirchlein kümmern: Monika Bachmann und Claudia Dittner. Die Buschdorfer nennen die beiden hochachtungsvoll „unsere Mädels". Die beiden wohnen seit November 2004 in genau jenem Baiersberger Häuschen, in dem der letzte Buschdorfer Küster Otto Kloninger gewohnt hat. An den erinnern sich noch einige Buschdorfer. „Der war sehr lange hier im Amt, hat sich um die Schule und das Kirchlein gekümmert, war auch Nachtwächter und hat mit der Glocke die Dorfnachrichten verkündet", weiß Erika Kühnemann.

Erinnerungen gibt es auch an den Bau der Kirche vor mehr als 50 Jahren. Weil man in der zerstörten Kirche keinen Gottesdienst abhalten konnte, fanden Gottesdienste stets in der Schule statt. Der Andrang soll so groß gewesen sein, dass die Straße „Schwarz von Menschen war", weiß Gudrun Pehle noch vom Hörensagen. Das Kirchlein hatte die Kirchengemeinde, Buschdorf gehörte zum Pfarramt Zechin, vom Sägewerk Siewert errichten lassen, bei dem viele Buschdorfer beschäftigt waren. „Ich weiß wenig vom Bau des Kirchleins", so Helmut Kätel. „Wir hatte eine private Wirtschaft und zu jener Zeit viel zu arbeiten." Vom Sägewerk weiß er, dass es Anfang der 1930er Jahre erbaut worden war und noch bis in die 1970er Jahre, dann von der LPG, betrieben wurde. Erika Kühnemann kann sich erinnern, dass sich die Kirchengemeinde Zechin sehr für den Bau der Notkirche und den Glockenstuhl eingesetzt hat. An Spendensammlungen zu Gunsten der Kirche aber kann sie nicht zurückdenken.

Zwei Relikte sind von der einst stattlichen alten Kirche noch erhalten. Da ist zum einen die wertvolle Glocke von 1864. Die hat Friedrich Gruhl aus Kleinwelka bei Bautzen gegossen. Sie ist noch immer im Dienst. Ihr Spruch lautet: „Er aber sprach: Ja, selig sind, die das Wort Gottes hören und bewahren". Erhalten ist auch noch das eiserne Kreuz, das einst das Kirchendach geziert hat. Verschollen ist die Sauer-Orgel von 1867, die zuletzt noch der Buschdorfer Lehrer Menzel spielte.

1996 gab es eine Initiative des Christlichen Jugenddorfes Seelow, welche die noch vorhandenen Fundamentmauern des Gebäudes freilegen wollte.

Ruine und Notkirche: Selbst ohne Dach wirkte die Buschdorfer Kirche Ende der 1950er Jahre noch imposant. Repro: Michael Märker

Doch diese Maßnahme war nicht von großem Erfolg gekrönt. So ist diese Stätte heute von wildem Grün überwuchert und harrt seiner Wiederentdeckung als besonderem Ort. Ähnlich wie in Zechin, so erste Pläne, können die Mauerreste freigelegt und würdig gestaltet werden. Eine Idee, für die Monika Bachmann und Claudia Dittner seit Längerem werben und die jetzt auch die Unterstützung des Kirchenkreises findet. Bei der jüngsten Debatte um einen Gedenkstein für die im Krieg gefallenen Buschdorfer war dies erneut ins Gespräch gebracht worden. Seit das Buschdorfer Kirchlein vor drei Jahren renoviert worden war, gebe es auch ein lebendigeres Gemeindeleben dort, freuen sich die „Mädels". Den Tiefpunkt hatte die Kirche im Hochwasserjahr 1997, als selbst zum Heiligabend der Pfarrer allein dort stand.

Ulf Grieger

Sie kümmern sich ums Buschdorfer Kirchlein: Monika Bachmann, Claudia Dittner und Gudrun Pehle (von links). Die 1958 errichtete Notkirche ist vor drei Jahren renoviert worden. Fotos: Michael Märker

Relikt: Dieses Kreuz zierte einst die Buschdorfer Kirche.

Wahrzeichen Carzigs: So sah die Kirche auf einer Postkarte vor 1945 aus. Repro: Michael Märker

„Köhlmann Nuhnen": So lautet die Inschrift der originalen Mauer- und Fußbodenziegel, die Mitglieder der Kirchengemeinde und des Fördervereins für die Carziger Dorfkirche aus der Ruine des Kirchenschiffs geborgen haben. Pfarrer Martin Müller (links) und Karl-Heinz Labes vom Vorstand des Fördervereins arbeiten im Sinne des Erhalts der Kirche zusammen. Foto: Michael Märker

Es muss um den 10. März 1945 herum gewesen sein, als deutsche Soldaten die Sprengladung am Carziger Kirchturm zündeten. Augenzeugen gibt es dafür nicht – die Carziger waren längst evakuiert. Gewiss ist nur, dass am 10. März die Kirche im benachbarten Mallnow gesprengt wurde.

Carzig verlor damit sein Wahrzeichen: Auf einem Vorgängerbau hatte der Carziger Patronatsherr Eugen von Burgsdorff Mitte des 19. Jahrhunderts die neugotisch überbaute Kirche mit einem neuen, hohen Kirchturm errichten lassen. Das Porträt des Kirchenfinanziers ist heute, neben der originalen

Das von deutschen und polnischen Jugendlichen gebaute Modell steht seit Herbst 2009 im Gemeinderaum. Foto: Johann Müller

gusseisernen Gedenktafel, in dem kleinen Raum im Turm-Untergeschoss zu sehen.
Der bei der Sprengung aufs Kirchenschiff gestürzte obere Turmteil hatte die Mauern bis etwa zur Dachtraufe zerstört. Dass die Mauerreste heute viel niedriger sind, ist vor allem einem Befehl der sowjetischen Besatzer zu verdanken, die die Kirchensteine für den privaten Hausbau freigaben, weiß Pfarrer Martin Müller. Der Mallnower ist für die Carziger Kirche zuständig.

Die Carziger Christen trafen sich nach dem Krieg zunächst in der Dorfschule zum Gottesdienst. An der Kirchenruine tat sich lange nichts. Erst im Mai 1957 kam die umgegossene Glocke nach Carzig zurück, wie Martin Müller aus den Protokollbüchern des Gemeindekirchenrates erfahren hat. Die Carziger Kirchenglocke war an zwei Stellen zerschossen gewesen. Sie war übrigens die einzige nach dem Krieg gegossene Bronzeglocke im damaligen Kirchenkreis Seelow. Nachdem der Kirchturm begradigt und ausgebessert und ein neuer Glockenstuhl gebaut waren, konnte die Glocke im Dezember 1958 aufgehängt werden. Am Heiligabend 1958 wurde sie in Dienst gestellt. Das Turmdach war da noch offen, nur provisorisch mit einer Plane abgedeckt. Erst 1960 konnten – nach längerem Hin und Her mit dem Seelower Kreisbauamt – der Turmdachstuhl gebaut und das Dach gedeckt werden.

Vier Jahre vergingen, ehe die Carziger Christen Ende 1964 ihre „Notkirche", einen in die Ruine des Kirchenschiffs hinein gebauten kleinen Gemeinderaum, einweihen konnten. „Trotz aller Versuche ist es dem Vorsitzenden (des Gemeindekirchenrates – d. R.) bisher nicht gelungen, die Baugenehmigung für den Gottesdienstraum zu erhalten", weist das Protokoll des Gemeindekirchenrates vom 25. November 1962 auf die Schwierigkeiten mit dem Bau hin.

Die einzige originale Ausstattung des Gemeinderaumes sind das Taufbecken aus Sandstein mit der Inschrift „Der Kirche zu Carzig gewidmet von H. Schmidt im Juli 1887" sowie die Messing-Taufschale. Zudem ist ein stark beschädigtes Ölgemälde erhalten, das Jesus mit dem Kreuz zeigt. Das Bild ist der Kirchengemeinde erst vor einigen Jahren wieder übergeben worden. Ansonsten ist die Ausstattung schlicht – Holzkreuz, hölzerner Altartisch, Harmonium, Holzstühle.

Bis nach der Wende wurde noch alle zwei Wochen Gottesdienst in Carzig gefeiert, weiß Pfarrer Martin Müller. Als die „guten Seelen" der Kirchengemeinde, die die Kirche bis dahin beheizt und gesäubert hatten, altersbedingt nicht mehr konnten, wurde ein Fahrdienst zu den Gottesdiensten in Mallnow eingerichtet. In Carzig ist seitdem nur noch einmal jährlich, im Sommer, Gottesdienst.

Seit einigen Jahren wird der Gottesdienst außerdem von kulturellen Aktivitäten umrahmt, die der 2004 gegründete Förderverein für die Carziger Dorfkirche organisiert. Die inzwischen 23 Mitglieder des Vereins haben sich den Wiederaufbau der Kirche zum Ziel gesetzt. Das von Vorstandsmitglied Karl-Heinz Labes gebaute Kirchenmodell, das im Gemeinderaum steht, zeigt die Größe der Aufgabe. Erreicht ist schon einiges: Nachdem der Turm 2002 ein neues Dach und 2003 eine neue Spitze erhalten hatte, wurde in der Ruine des Kirchenschiffs aufgeräumt, sind Steine geborgen, die Friedhofsmauer erneuert und die Mauerreste untersucht worden.

Ines Rath

Sprengung: Am 25. März 1965, um 15 Uhr, wurde der Kirchturm von Dolgelin gesprengt. Foto: Kirchchronik/Repro: MOZ

Die Kirchenruine: Selbst in diesem Zustand wirkt der mittelalterliche Granitquaderbau noch imposant. Im Westgiebel sind originale Putzritzzeichnungen in den seitlichen Kreisblenden erhalten.

„Die Dolgeliner Kirche wurde nachträglich ruiniert," sagt Pfarrer Martin Müller. Der Mallnower ist seit 2004 für die Evangelische Hoffnungskirchengemeinde Oderbruch-Süd zuständig, zu der die Dolgeliner Gemeinde gehört. Müller spielt damit auf die ungewöhnliche Geschichte der Dolgeliner Kirche an. Die wurde zum Kriegsende 1945 zwar durch Beschuss stark beschädigt. Doch der Kirchturm ist nicht durch die Wehrmacht gesprengt worden. 1946 sei in der Kirche noch eingesegnet und getraut worden, weiß die Dolgeliner Kirchenälteste Gudrun Kranz aus Erzählungen. Sie selbst ist erst 1961 aus Thüringen in den Ort gekommen.

Doch dann hatte der damalige Nachkriegs-Bürgermeister die Kirche zur Gewinnung von Baumaterial, also zum Plündern freigegeben. Damit war der Verfall besiegelt. Am 25. März 1965, um 15 Uhr, verloren die Dolgeliner schließlich mit der Sprengung des imposanten, bis in die Spitze gemauerten Kirchturms ihr Wahrzeichen.

Vor der Sprengung sei der damalige Dolgeliner Pfarrer Grauel im Rat des Kreises unter Druck gesetzt worden, ob er die Unfallgefahr noch länger hinnehmen wolle. Und Gudrun Kranz weiß von ihrer Schwiegermutter, dass sich am Abend vor der Sprengung ältere Dolgerlinerinnen in der Kirche zum Gebet getroffen und bitterlich geweint haben.

Die Sprengung des Turms hat die im 13. Jahrhundert errichtete Dolgeliner Kirche zur Ruine gemacht und zugleich etwas offenbart: An der Westwand wurde ein Rundfenster mit äußerst seltenen Putzritzzeichnungen aus der Bauzeit der Kirche sichtbar.

Ihre Gottesdienste feiern die Dolgeliner Christen seit 1946 im Pfarrhaus, gegenüber der Kirche. Der schlichte Backsteinbau weist eine besondere Geschichte: Er war mehrfach Übernachtungsort des Alten Fritz auf dessen Reisen von Berlin nach Küstrin.

Als einziges Original aus der Kirche ist das Taufbecken erhalten, das im Hof des Pfarrhauses steht. Gleich neben dem Glockenschauer mit zwei Glocken. „Keine davon stammt aus der Kirche," weiß Martin Müller. Die letzten der einst sechs Dolgeliner Kirchenglocken sind zum Kriegsende beschädigt und später als Bronzeschrott verkauft worden. Die Ersatzglocken haben die Dolgeliner Christen 1957 in Apolda gekauft.

Die kleine Schuke-Orgel im Christenlehreraum, der durch eine Schiebetür mit dem Gemeinderaum verbunden ist, stammt aus einer Potsdamer Friedhofskapelle, sagt Gudrun Kranz. In den 1970er Jahren haben einige Dolgeliner das Instrument von dort abgeholt – nachdem die Gemeinde zuvor dafür gespart hatte.

Wann das große „Hungertuch" an die Wand im Gemeinderaum kam, das an den jährlichen Weltgebetstag erinnert, ist nicht bekannt. Bekannt ist dagegen, dass die Motive von einem äthiopischen Maler stammen sollen. Und dann gibt es noch ein Aquarell, das im Altarraum hängt und an ein besonderes Stück Dolgeliner Kirchengeschichte der Neuzeit erinnert: An das Kirchenasyl für eine vietnamesische Familie. Das Bild einer Potsdamer Hobbymalerin zeigt die vietnamesische Mutter mit ihrem im Kirchenasyl geborenen Baby.

Inzwischen gibt es Dolgeliner – heutige und frühere – die sich mit dem Schicksal der Kirchenruine nicht abfinden wollen. Deswegen wurde bereits am 6. Dezember 2002 der Förderverein Dorfkirche Dolgelin gegründet, dem etwa 50 Mitglieder angehören. Ziel des Vereins ist der Wiederaufbau der Kirche. Doch die Chancen dafür stehen schlecht. „Wir sind in einer Sackgasse", sagt Pfarrer Martin Müller. Und verweist auf einen Grundsatzbeschluss der Landeskirche, keine Kirchenneu- oder -wiederaufbauten mehr zu fördern. Außerdem würde das kirchliche Bauamt eine neue Kartierung der Schäden an der Kirchenruine und eine neue Planung für den Wiederaufbau fordern. Wer die allerdings bezahlen soll, ist noch unklar. Die bisherige Planung sieht die Kirche als multikulturelles Zentrum vor, das unter anderem von der benachbarten Grundschule mit genutzt werden sollte.

Ines Rath

Mit dem bloßen Auge ist die in das Kreuz aus Beton eingeritzte Zahl kaum noch zu erkennen. „1958, würde ich sagen", schätzt Günter Müller, der seit Jahren die gute Seele der Genschmarer Kirchengemeinde ist. Gerda Gläsing hält sofort dagegen. „Ich bin im Januar 1952 nach Genschmar gekommen und kenne die Kirche von Anfang an. Auf dem Kreuz steht 1953." Die 77-Jährige stammt aus einem Ort im früheren Kreis Meseritz jenseits der Oder. Wie die meisten älteren Genschmarer. Auch Ida Dickhoff kam erst 1956 ins Dorf – sie kennt die einstige Kirche nur aus Erzählungen und von Bildern. Es gibt wenige „Ureinwohner" und damit auch kaum jemanden, der aus der Zeit erzählen kann, als Genschmar eine große stolze Kirche hatte. Sie stand mitten im Ort. 1862 ist sie geweiht worden. Der Krieg zerstörte nicht nur den Ort zu 90 Prozent. Auch die Kirche wurde schwer beschädigt, die Überreste trug man nach dem Krieg ab. Doch die Genschmarer Christen wollten nicht auf ein Gotteshaus verzichten.

Wie genau damals das kleine Wunder des Neubaus vollbracht wurde, ist nicht exakt belegt. Möglicherweise wurden Steine des alten Gotteshauses für den Neubau der kleinen Kapelle genutzt. „Zum Glück ist das alles noch vor 1960 passiert", ist Günter Müller froh. Danach habe der Staat den Neubau von Kirchen faktisch unmöglich gemacht. Die kleine Kapelle entstand unmittelbar neben dem Friedhof. Eine Friedhofshalle aber, wie es in einigen Büchern steht, sei es nie gewesen, wissen die Genschmarer. Sie wurde eigens als Kirchengebäude errichtet. Wie der Bau selbst ist es auch innen sehr schlicht. Weiße Wände, ein Altar, Holzbänke. „Es blieb ja nichts von dem einstigen Kircheninventar erhalten", so Pastorin Anja Grätz. Alte Kirchenunterlagen berichten von einem Altarbild mit einer Kreuzigungsdarstellung, einer Kanzel mit der Abbildung von Christus und den vier Evangelisten barocken Ursprungs an der Brüstung. Zum Inventar gehörten auch ein Kelch und eine Patene (liturgisches Gefäß) aus Silber mit innerer Vergoldung. „So, wie die Kapelle jetzt ist, ist sie aber völlig ausreichend", befindet Anja Grätz. Sie freut sich, dass die Genschmarer sich um alles ganz selbstständig kümmern.

Stolz auf ihr Kirchlein: Günter Müller, Gerda Gläsing, Pastorin Anja Grätz und Ida Dickhoff vor der kleinen Genschmarer Kapelle, die seit Sommer 2009 nun auch einen Glockenturm hat. Foto: Johann Müller

Imposanter Bau: Die Genschmarer Kirche vor ihrer Zerstörung. Repro: MOZ

15 Jahre lang sorgte Ida Dickhoff dafür, dass es im Innern der Kapelle immer ordentlich und sauber blieb, dass zu Festtagen Blumen den Altar schmückten, die Heizung angestellt wurde, Gesangbücher bereit lagen und vieles mehr. 2006 hat Günter Müller das übernommen. Schon vorher kümmerte er sich darum, dass stets Rasen gemäht und die Hecke geschnitten wurde. Jetzt erledigt er gemeinsam mit seiner Frau Erika alle Arbeiten innen und außen. Müller sitzt gemeinsam mit Brunhild Teschner und Silvelie Heinitz aus Genschmar im Gemeindekirchenrat der evangelischen Geschwisterkirchengemeinde Oderbruch. Zu der haben sich Genschmar, Golzow und Alt Tucheband zusammen geschlossen. Angesichts der überschaubaren Zahl an Christen eine gute Entscheidung, so die Genschmarer. Ohne den Verbund hätte man wohl nicht das ehrgeizige Vorhaben des Glockenturms geschafft. Seit dem Sommer erklingt im Ort wieder eine Glocke. Sie ruft zum Gottesdienst und ertönt auch bei Sterbefällen. Für Gerda Gläsing war es schwer, als sie im vergangenen Jahr ihren Mann verlor. „Dass aber die Glocken ihm zum Gedenken erklangen, das hat mich sehr gefreut", sagt sie. Eine Genschmarerin zeigte sich so begeistert von dem Glockenturm-Vorhaben, dass sie die Gratulanten zu ihrem Geburtstag bat, auf Blumen und Geschenke zu verzichten, um stattdessen für die Glocke zu spenden. „Wir bekamen einen größeren Betrag, der uns sehr geholfen hat", ist Günter Müller dankbar.

Mit selbstverständlicher Eigeninitiative kümmern sich die Genschmarer Christen um ihre Kapelle und auch um den benachbarten Kirchenfriedhof. Gerda Gläsing erledigt die Friedhofsverwaltung, kassiert Wassergeld und die festgelegten Kosten für Grabstellen. Ihr Bruder Erhard Wilke sorgte 15 Jahre als Friedhofsgärtner dafür, dass die letzte Ruhestätte der Genschmarer immer gepflegt ist. Seit Januar hat das Joachim Kuppa übernommen. Wünsche? „Wenn wir viel Geld hätten, würden wir den Weg zur Kapelle pflastern und ein Vordach bauen", sagt Günter Müller. Aber man wisse, dass jetzt erst mal Arbeiten in den anderen Kirchen der Geschwistergemeinde dran sind, wie etwa Golzow. Vielleicht klappt es dennoch mit dem Wandbild hinter dem Altar. Anja Grätz fand die Idee sehr gut, das würde den Innenraum der Kapelle sicher aufwerten.

Doris Steinkraus

Stolzer Mittelpunkt des großen Oderbruchdorfes: Die kreuzförmige Kirchenanlage aus dem Jahre 1908. Foto: Sammlung Eckhard Wagner

Der Glockenschauer wurde 1953 gebaut. Foto: S. Uebelhack

„Um die Kirche für immer aus dem Ort zu tilgen, wurde selbst der Standort unkenntlich gemacht, indem eine Straßenkreuzung direkt darüber geführt wurde" heißt es verbittert in dem 1992 von Hans-Georg Rieger und Günther-Alexander von Wittich herausgegebenen Band „Kirche im Oderbruch". Tatsächlich erinnert heute nichts mehr daran, dass die nun leere Mitte des Ortes einst eine prächtige Kirche hatte. Im Umzug zur 700-Jahrfeier allerdings führte die Kirchengemeinde ein großes Gemälde von diesem Bau mit. Das Bild steht heute im Pfarrhaus, das den Golzowern gemeinhin als Kirche gilt.

Edeltraud Wurl hatte zum Jubiläum verschiedene Unterlagen zusammengetragen und um Interviews mit Zeitzeugen erweitert. Der erste nach dem Krieg in Golzow amtierende Pfarrer Heinz Korb hatte es übernommen, gemeinsam mit der Kirchgemeinde das schwer zerstörte Pfarrhaus wieder aufzubauen. Zuvor fanden alle kirchlichen Veranstaltungen in der alten Schule statt, heißt es in der Kirchenchronik. 1953 wurde der Glockenschauer errichtet. Zwei Jahre später konnten zwei Glocken angeschafft werden. Ihre alten Glocken hatten die Golzower in beiden Weltkriegen geopfert: 1917 die aus dem Jahre 1749 und 1942 die von 1781. Edith Treichel gab zu Protokoll: „Kirchgänger gab es nach 1945 viele. Es kann aber auch sein, dass daran die sogenannten Care- und Westpakete nicht ganz unschuldig waren." Der Abriss der Kirchenmauern fällt in die Dienstzeit von Pfarrer Fritz Köhne (1952 – 1973). Eine Zeit, die von zunehmendem staatlichen Druck auf die Kirche gekennzeichnet war. Ab 1950 wurde kräftig gegen die junge Gemeinde propagiert. Eva-Maria Plume erinnerte sich, dass Mitte der 1950er Jahre die Werbung für die FDJ aufdringlich und aggressiv wurde.

Langsam und stetig fand die Entkirchlichung statt. Und auch nach der Wende bleiben die Kirchenbänke zunächst leer, schreibt Edeltraud Wurl. Das änderte sich aber etwas, als Pfarrerin Katharina Furian 1992 die Pfarrstelle Golzow übernahm. Von dieser Zeit schwärmen die Mitglieder des Golzower Frauenkreises, die sich regelmäßig im Pfarrhaus treffen, noch immer. Die Kirchenchöre Golzow und Gorgast schlossen sich zusammen und übten unter Leitung von Gilbert Furian zunächst in Golzow, später unter Leitung von Antje Finkenwirth in Manschnow.

Zu besonderen Anlässen, wie kürzlich zu einer Aussprache zum Thema Erneuerbare Energien, zu Weihnachten, zu Konfirmationen oder zu Einschulungen ist der im ehemaligen Billardzimmer des Pfarrers eingerichtete Gemeindesaal gut gefüllt. Sigrid Fakler ist der „gute Geist" des Hauses. Sie kümmert sich darum, dass alle Veranstaltungen in warmer Stube stattfinden können, dass alles immer ordentlich und sauber ist. Häufig hilft auch Hildegard Sucker dabei. Johannes Menzel hat es sich zur Aufgabe gemacht, die Glocken bei allen wichtigen Anlässen zu läuten.

Ulf Grieger

Plötzlich flog die Tür auf und sie standen mitten im Kirchenschiff – russische Soldaten, schwer bewaffnet. Ihre deutschen Gegner hatten sich in das Groß Neuendorfer Gotteshaus zurückgezogen, wähnten sich dort in Sicherheit. Im Dorf wüteten nicht enden wollende Gefechte. Die Fronten wechselten ständig. Zuletzt hatten die Russen die Schule besetzt, die Deutschen das Gebiet Richtung Friedhof. Dazwischen lag die Kirche. Unantastbar, so schien es zumindest. Aber auf einmal standen sich die Feinde dort gegenüber. Von Angesicht zu Angesicht. Es muss eine angsterfüllte Szene gewesen sein. Kurt Raabe hat sie nicht selbst erlebt. Sie ist ihm überliefert. „Die Soldaten sollen sich", sagt der 84-Jährige, „auf einen Waffenstillstand geeinigt haben. Geschossen wird nicht, nicht in einer Kirche."

Kurt Raabe ist Christ, schon sein Leben lang. Er wurde im Groß Neuendorfer Gotteshaus getauft und konfirmiert. Nur seine Hochzeit fand ein Dorf weiter statt, in Ortwig. Die Braut kam von dort. Raabe erinnert sich an viele Gräueltaten, die sich im Zweiten Weltkrieg abspielten. Sie haben sich tief in sein Gedächtnis eingebrannt. Im Sommer 1945 kehrte er in seine Heimat zurück, schwerverwundet. Groß Neuendorf war kaum wiederzuerkennen. „Das Haus meiner Eltern war ein Schutthaufen", erinnert er sich. „So wie der Großteil des Dorfes." Auch die schlichte Backsteinkirche mit dem auffälligen Glockenturm blieb nicht von den Kämpfen um die Oderübergänge verschont. Noch im Februar, als der Krieg so gut wie beendet war, wurde der Kirchturm gesprengt – von deutschen Soldaten. Sie zerstörten ihn, weil er den Feinden als Orientierungspunkt diente.

Nach 1945 dachte lange Zeit niemand an Gottesdienste oder den Wiederaufbau der Kirche. Wie auch? Felder und Wege waren vermint, Nahrung knapp. Bei der ersten Ernte im neuerlangten Frieden musste jeder helfen. „Ob er wollte oder nicht", sagt Raabe. Es gab keine Maschinen. Das Getreide musste mit der Sense ab. Schon zwei Jahre später bahnte sich die nächste Katastrophe an: das verheerende Oderhochwasser 1947.

Im selben Jahr vollzog sich aber auch eine kleine Sensation für die damalige Zeit im Ort: Groß Neuendorf hatte wieder geistlichen Beistand. Nur war es kein Pfarrer, der ab jetzt traute und taufte, Gottesdienste hielt, sondern eine Frau: Pfarrerin Hannelotte Reiffen. Die gebürtige Bonnerin gehörte zur ersten Generation von Theologinnen, die in eine jahrhundertealte Männerdomäne Eingang suchten, sich ihre Position hart erarbeiten mussten und sich nicht verbiegen ließen. Wohl kein Ereignis ihres Lebens macht das deutlicher als dieses: Im Februar 1945 erhielt die Pfarrerin eine Vorladung vor den Volksgerichtshof, weil sie für Inhaftierte die Fürbitte gehalten hatte. Das Urteil: Ein strenger Verweis unter KZ-Androhung, sollte sie sich der Anordnung widersetzen.

Vor dem Krieg: Der Turm wurde 1945 gesprengt, weil er dem Feind als Orientierung diente. Foto: Ephoralarchiv Seelow

Stark beschädigt: So stand die Kirche nach dem Zweiten Weltkrieg im Ort. Das Bild entstand um 1955. Am Anbau rechts stand früher der Glockenturm. Foto: Ephoralarchiv Seelow

Erste Pfarrerin nach dem Krieg: Hannelotte Reiffen kam 1947 und blieb 20 Jahre lang in Groß Neuendorf.

Die Kirche im Dorf: Der Backsteinbau ist heute in einem guten Zustand. Im unteren Geschoss lebt eine Künstlerin, im oberen wird einmal im Monat Gottesdienst gehalten. Fotos: Johann Müller

Prunkstück: Das ist die Taufschale, in der auch Christopher Kind (9) die Taufe erhielt. Sie ist mehr als 300 Jahre alt.

Hannelotte Reiffen blieb 20 Jahre lang in Groß Neuendorf. Sie soll streng, aber gütig gewesen sein. „Faxen im Religionsunterricht durften wir uns nicht erlauben", erinnert sich Siegfried Macholtz. Er stammt aus Ortwig, lebt heute in Letschin und arbeitet dort bei der Kirchengemeinde.

Mit 24 Fischern, die ihre Behausung einst in „Neuendorff uffm Oderbrugk" hatten, begann die Geschichte des Ortes einst. So ist es im Buch „Kirchen im Oderbruch" überliefert. Das Dorf gehörte früher einer Familie von Schlieben, später den Herren Sydow. Wo heute der Kirchenbacksteinbau steht, wurde nachweislich bereits 1706 ein Gotteshaus erbaut. Der neue Kirchenbau wurde am 7. November 1852 feierlich geweiht.

Nach der Zerstörung im Zweiten Weltkrieg begann 1960 der Wiederaufbau der Groß Neuendorfer Kirche. Das hochliegende Erdgeschoss wurde mit Gemeinde- und Unterrichtsräumen ausgebaut sowie als Wohnung für den Kantor Helmut Krüger und seine große Familie. Heute lebt eine Künstlerin dort. Im Geschoss darüber befindet sich noch immer der große Kirchsaal mit Altar und Empore. Die Zwei-Zimmer-Wohnung der Pfarrerin Reiffen ist heute Winterkirche.

Nach dem Krieg musste der Westturm der Kirche komplett abgetragen werden. An dieser Stelle ist seit dem Umbau ein Vorbau, der offizielle Eingang für Gottesdienstbesucher. Der Vorbau wurde so errichtet, dass jederzeit ein Kirchturm aufgestockt werden könnte. Die drei Glocken – ihr Klang hat seit Anfang 1700 unzählige Brautpaare und Trauernde begleitet – konnten vor dem Einschmelzen gerettet werden. Für sie wurde neben dem Kircheingang ein Glockenträger errichtet. Dass das prächtige kupferversilberte Taufbecken mit den geflügelten Engelsköpfchen und beweglichen Griffen bis heute erhalten geblieben ist, darauf sind die Christen besonders stolz. Es ist mehr als 300 Jahre alt und das älteste weit und breit.

Grund zum Klagen hätten die Groß Neuendorfer Christen eigentlich nicht. Die Bausubstanz ihrer Kirche ist gut, Sanierungen sind vorerst nicht nötig. Aber da ist eben nicht nur die Hülle, das Gebäude, sondern auch das Innere, das immer schwieriger mit Leben zu erfüllen ist. Die Situation in Groß Neuendorf ist wie anderswo: Die Gemeinde leidet unter dem Wegzug junger Leute. Die Anzahl der Kirchgänger ist stark geschrumpft. „Ein Ausdruck der neuen Zeit ist", sagt Doreen Kind, Mutter von drei Kindern, „dass die Gemeinschaft im Größeren gesucht wird. Gottesdienste und Bibelstunden für drei, vier Leute lohnen nicht. Deshalb finden sie bei uns jede Woche in einem Ort der Kirchengemeinde statt. Das funktioniert hervorragend." Es sei eine gute Mischung, die sich da regelmäßig trifft, fügt sie noch hinzu. Eine, die wichtig ist für das friedliche Zusammenleben in Groß Neuendorf und anderswo.

Mandy Timm

Imposanter Bau: Die Gusower Kirche vor ihrer Zerstörung 1945. Der Turm wurde gesprengt und ist heute nur noch eine Ruine.

Einstige Innenansicht: Empore, Altar, Kanzel – die gesamte Inneneinrichtung wurde nach dem Krieg herausgeholt.

Seit 1948 lebt Brigitte Noack in Gusow. Kirchliches Gemeindeleben hat für sie immer dazu gehört. Als sie die Christenlehre besuchte, gab es nur den Gemeinderaum im Pfarrhaus. „Der war zu Anfang noch viel kleiner, wurde erst vergrößert, als wir 1951 Konfirmation hatten", erinnert sich die 72-Jährige. Die Gusower Christen mussten sich nach dem Krieg ein neues Domizil suchen. Ihre Kirche war nur noch eine Ruine. Anders als in anderen Orten war sie nicht durch die Kriegshandlungen komplett zerstört worden. „Nur der Turm war weggeschossen, aber er war nicht ins Kirchenschiff gefallen. Die Bewohner haben sich, weil es nichts gab, alles Brauchbare aus der Kirche geholt, Dachsteine, Holz, eben alles. So haben es uns die alten Gusower berichtet", erzählt Manfred Hagen. Der 69-Jährige ist Kirchenältester, kam 1963 ins Oderbruchdorf. Wie Brigitte Noack gab es für ihn die alte Kirche faktisch nicht mehr. Im Pfarrhaus wurden Wohnräume umfunktioniert, eine Wand herausgerissen, Altar und Mobilar angeschafft. Ein schlichter Kirchenraum, der Jahrzehnte gute Dienste leistete. Hier haben sich viele trauen lassen, auch Noacks und Hagens. Die kleine Kirchengemeinde vermisst ihn derzeit. Denn seit mehr als zwei Jahren können sie ihn nicht nutzen.

Als Pfarrer Joachim Neubert im April 2005 in den Ruhestand ging und auszog, stand das Pfarrhaus leer. Im Kirchenkreis war entschieden worden, dass es in Gusow keine Pfarrstelle mehr geben wird. „Das Haus war baufällig. Die Kirchengemeinde konnte eine Sanierung nicht finanzieren. Der Gemeindekirchenrat hat deshalb entschieden, dass das Haus in Erbbaupacht verkauft wird", so Pfarrer Thomas Krüger. Neuer Eigentümer ist Familie

Die alte 2003 wieder aufgebaute Kirche: Ines Hube mit Sohn Martin, Brigitte Noack, Manfred Hagen, Pfarrer Thomas Krüger, Steffi und Dirk Ewald (von links) vor dem geschichtsträchtigen Gotteshaus. Fotos: Michael Märker

Einstiges Pfarrhaus: Im rechten Teil wurde nach dem Krieg ein Gemeinderaum eingerichtet. Er hat über Jahrzehnte gute Dienste geleistet und soll auch künftig Treff der Christen sein.

Ewald, die 2005 einzog und vor zwei Jahren mit den Sanierungsarbeiten begonnen hat. Seit dem ist der Gemeinderaum gesperrt. Gottesdienste finden derzeit in Platkow statt. Mit der Familie wurde aber ein Nutzungsrecht vereinbart. Nach Abschluss der Arbeiten will die Kirchengemeinde ihren angestammten Raum wieder nutzen. Obwohl die einstige Kirche auf der anderen Straßenseite inzwischen wieder als Gotteshaus hergerichtet ist. Bischof Wolfgang Huber weihte sie 2003.

Damit wurde ein Akt vollzogen, an den niemand der Christen im Ort mehr glaubte. Auch nicht, als 1991 über eine ABM die völlig mit Unrat zugeschüttete und komplett mit Bäumen und Sträuchern zugewachsene Ruine beräumt wurde. Dirk Ewald gehörte damals selbst noch mit zur Jungen Gemeinde Letschin, die bei Aufräumungsarbeiten half. Auch als 1995 dank Fördermitteln die Mauerkronen gesichert wurden, war nie die Rede von einer Wiederherrichtung des geschichtsträchtigen Gotteshauses, dessen Gestaltung Gusow vor allem Generalfeldmarschall Derfflinger verdankt. Der ließ sie im Andenken an seine 1666 verstorbene Frau

Barbara Rosina von Behren nachhaltig verändern. Als Ende der 1990er Jahre der Bonner Journalist Dr. Wolfgang Nitschke bei einer Rundreise auch in Gusow Station machte, begann ein neues Kapitel für die Kirche. „Wir haben, ehrlich gesagt, nicht so viel von seinen Ideen gehalten und waren skeptisch", bekennt Manfred Hagen. „Er wollte, dass die Kirche wieder ein Dach bekommt. Wir haben vor allem die Kosten gesehen. Uns genügte der Gemeinderaum." Doch Nitschke ließ nicht locker. In einer unglaublichen Spendenaktion trug er das Geld zusammen. Die Kirche erhielt ihr Dach, einen Fußboden und eine Ausstattung, wenn auch innen nach wie vor Rohbauatmosphäre herrscht. Die habe aber durchaus etwas, sieht es Pfarrer Krüger. Der Blick ist frei in die gewaltige Dachstuhlkonstruktion. Altar, Kanzel und Taufbecken sind Dauerleihgaben. Die Holzbänke stammen aus einer Berliner Kirche, der Leuchter aus der Platkower Kirche, die in den 1970er Jahren abgerissen wurde. Ein großer Höhepunkt war 2006 der Wiedereinzug des Derfflinger-Epitaphs, das Jahrzehnte in der Komturei Lietzen hing. Pfarrer Krügers Vater hatte es einst gesichert und dort untergebracht. Die Rückführung war eine Initiative des Geschichts- und Heimatvereins des Ortes. Gottesdienste finden nur zu Höhepunkten statt. Im Zusammenwirken mit dem Verein wird die Kirche für Besucher geöffnet, finden Buchlesungen und Veranstaltungen statt.
Die Idee, im Innern des riesigen Schiffes eine Glaskonstruktion als Gemeinderaum einzubauen, hat der Gemeindekirchenrat verworfen. „Das können wir nicht finanzieren", sagt Manfred Hagen. Auch eine angebotene finanzielle Unterstützung durch den Kirchenkreis würde nicht ausreichen. Es gibt jedoch einige Vorhaben, so Thomas Krüger. So wolle man eine Heizlösung – vielleicht unter den Bänken – installieren. Von den rohen Ziegelsteinen der Wände rieselt ständig Putz. Versiegeln oder verputzen soll eine Lösung bringen. Zudem habe man den Antrag gestellt, die jetzige Seelower Orgel, die aus der Platkower Kirche stammt, zu bekommen, wenn Seelow eine neue erhält. „Und am Kirchturm müssen wir Sicherungsarbeiten erledigen", ergänzt der Pfarrer.

Doris Steinkraus

Blick auf den Ostgiebel der Hathenower Kirche mit seinem spätgotischen Blendenschmuck um 1909.

Hathenow ist eine Altsiedlung im Oberoderbruch, die früher viel mehr Einwohner als heute hatte und deshalb auch eine recht ansprechende Kirche besaß. Zusammen mit ihrem reich gegliederten Ostgiebel wurde sie im späten 15. Jahrhundert errichtet, als das Dorf dem Lebuser Domkapitel gehörte. Es handelte sich um einen verputzten Backsteinbau, dessen Mauerwerk mit Granitfindlingen untermischt war. An der Ostseite hatte sie im 19. Jahrhundert einen rechteckigen Sakristeianbau erhalten, während der quadratische Dachturm aus verputztem Fachwerk mit einem pyramidenförmigen Dach abschloss. In der Wetterfahne, die vor 100 Jahren den Turm bekrönte, stand die Jahreszahl 1794.

Foto: Michael Märker

An den Ecken und an der Südseite stützten Strebepfeiler das schwere Mauerwerk der aufgehenden Wände. Man betrat das Gotteshaus an der Westseite und sah sich einem einfachen Kanzelaltar aus dem 19. Jahrhundert gegenüber. Das Wertvollste an dieser Kirche waren Reste spätgotischer Glasfenster mit Wappen märkischer Adelsgeschlechter, von denen jenes der Familie von Beerfelde noch am besten erhalten war. Auf dem Kirchenboden lagen Teile eines Renaissancealtars, der wohl der Vorgänger des schlichten Kanzelaltars war. Eine der beiden Glocken stammte aus der Zeit um 1500 und ist verschollen. Die andere, 1821 von Großheim in Königsberg/Nm. gegossen, trug Bildnisse Martin Luthers und König Friedrich Wilhelms III. Sie teilte 1917 das Schicksal vieler einheimischer Kirchenglocken, die zur Herstellung von Kriegsmaterial eingeschmolzen wurden. Im Verlaufe der schweren Kämpfe in Stoßrichtung der Roten Armee von Reitwein nach Sachsendorf wurde die Kirche im Frühjahr 1945 schwer beschädigt. Nur die stabilen Umfassungsmauern hatten das Inferno überstanden. Es wäre möglich gewesen, den Baukern zu erhalten, um ihn später wieder zu einem Gotteshaus auszubauen. Man schritt aber 1965 zu einem Totalabriss und nahm damit dem Ort einen wesentlichen Teil seiner Identität. Von der Kirche blieben nur ein großer Fundamentstein mit einer 1996 angebrachten Gedenktafel sowie die Hecke, die das Kirchenareal bis heute einfriedet.

Reinhard Schmook

Die gute Seele der kleinen Kapelle: Anna Schultz schmückt den Altar, läutet die Glocken und stellt die Heizung an – jeden Sonntag, wenn die katholische Gemeinde um acht Uhr zum Gottesdienst zusammenkommt. Fotos: Bärbel Kloppstech

Anna Schultz betrachtet schmunzelnd die Fotos im Album. Sie zeigen sie und ihren Mann zur Silbernen und Goldenen Hochzeit vor der kleinen Kapelle in Hohenjesar mit den drei Kindern, deren Partnern und den sieben Enkeln.

Die kleine Kirche auf dem Friedhof in Hohenjesar ist schon so etwas wie die „Familienkapelle" der Schultzes. Anna Schultz schmückt den Altar – im Sommer mit frischen Blumen aus ihrem Garten, im Winter mit getrockneten. Sie stellt die elektrische Heizung an und drückt pünktlich jeden Sonntag um 7.45 Uhr den Knopf, damit die Glocken zum katholischen Gottesdienst um acht Uhr rufen können. Von der liebevollen Umsicht, mit der sich die rüstige Rentnerin um die Kapelle kümmert, hat auch die evangelische Gemeinde Hohenjesar etwas – auch, wenn sie ihren Gottesdienst nur noch alle vier bis fünf Wochen in der Kapelle im heutigen Alt Zeschdorfer Ortsteil feiert. Die Kirchengemeinde Hohenjesar beginnt dann nach den Katholiken ihr Sonntagsgebet. „Anna Schultz ist die gute Seele unseres Hauses", erkennt Annett Malke vom Gemeindekirchenrat und Vorsitzende des Fördervereins der Freunde der Kirche Hohenjesar dankbar an. „Sie ruft uns nur, wenn sie Hilfe zum Fensterputzen braucht. Deshalb verdient sie einfach mal ein großes öffentliches Dankeschön von unserer Kirchengemeinde."

Die eigentliche Patronatskirche von Hohenjesar, 1721 als barocke Hallenkirche auf den alten Fundamenten erbaut und 1723 fertiggestellt, ist heute wieder eine „Ruine unter Dach" – dank der Aktivitäten des Fördervereins, in dem auch Anna Schultz Mitglied ist. Ein Notdach schützt das Mauerwerk vor zerstörenden Witterungseinflüssen. Auch der Steinfußboden ist bereits wieder instandgesetzt.

Dabei wurden die Kirche und ihr Turm im Zweiten Weltkrieg nur durch Einschüsse beschädigt. Am Ende der Kampfhandlungen befand sie sich noch in einem guten Zustand. Das änderte sich in den Nachkriegsjahren schnell, als sie von den neuen, roten Machthabern im Dorf zur Entnahme von Baumaterial freigegeben wurde.

Anna Schultz, die 1947 als junges Mädchen mit ihrer Familie aus dem schlesischen Swiebus nach Hohenjesar kam, kann sich noch gut erinnern, dass das Kirchendach „mit einem mächtigen Krachen" in der Mitte des Schiffs zusammenfiel. Dabei sei bereits von Gemeindegliedern Holz ins Sägewerk für einen neuen Dachstuhl gebracht worden, erzählt sie. „Wir waren Vertriebene, Flüchtlinge, die vollkommen neu anfangen mussten – mit dem Land, das meine Eltern als Neusiedler erhielten."

Anna Schultz ist eine resolute Frau, die sich so leicht nicht unterkriegen lässt. Wenn sie erzählt, dann nicht voller Wehmut, sondern voller Humor. Und wenn sie Sonntagmorgens loszieht, im Sommer mit dem Fahrrad, im Winter mit den Nordic-Walking-Stöcken als Stütze, glaubt ihr niemand, dass sie bald 80 wird. Sie schippt den Schnee weg, damit alle Besucher des Gottesdienstes sicheren Fußes über den Friedhof zur kleinen Holzkapelle kommen.

Die 1922 erbaute Friedhofskapelle, in der man die Toten aufbahrte, wurde in den 1950er Jahren gemeinsamer Treffpunkt für die katholische und evangelische Gemeinde zum Gebet. Friedericke von Burgsdorff, die Gutsherrin von Hohenjesar bis zu ihrem Tod 1934, habe sie von ehemaligen russischen Kriegsgefangenen des Ersten Weltkrieges errichten lassen, weiß Kurt Grzywna. Der Vorsitzende des Heimatvereins „Am Schlosssee" hat Kontakt zu Erdmann von Burgsdorff, dem letzten Ahnen des östlichen Zweiges der Burgsdorff-Familie. Die Gutsbesitzer von Hohenjesar waren auch die Patronatsherren der Kirche – bis 1945.

Die im Stil eines nordischen Blockhauses errichtete Friedhofskapelle hat, als sie nach dem Zweiten Weltkrieg zur Notkirche für die evangelischen und katholischen Christen wurde, Umbauten erfahren. Der einst offene Vorraum erhielt Fenster und wurde geschlossen. Das ursprüngliche Mittelfenster des Altarbereiches wurde zugemauert, dafür zwei seitliche Fenster mit bunten Glassteinen eingebaut. Die heutige Inneneinrichtung aus den 1970er Jahren geht federführend auf die katholische Gemeinde zurück – ebenso wie der Altartisch und das Lesepult, weiß Pfarrer Martin Müller, der seit 1984 die evangelische Gemeinde Hohenjesar betreut. In deren Eigentum befinden sich seit der Wende auch wieder Kapelle und Friedhof. Nein, er habe kein Problem damit, dass beide Konfessionen unter einem Dach beten, sagt der Pfarrer. „Wir glauben schließlich an denselben Gott." Anna Schultz, die Katholikin, gibt ihm Recht.

Bärbel Kloppstech

Um 1850 stand auf dem Dorfplatz eine aus dem Jahre 1687 stammende baufällige Fachwerkkirche, von der es eine Zeichnung gibt, die sie umgeben von mit Rohr gedeckten Fischerhäusern zeigt. Diese Fachwerkkirche muss einen oder mehrere Vorgänger gehabt haben, worauf die ca. 500 Jahre alte Glocke hindeutet, die gegenwärtig im Hohensaatener Kirchturm hängt.
In einem Protokoll aus dem Jahre 1834 wird der schlechte Zustand der Hohensaatener Kirche beklagt. Im Innern sei sie unfreundlich und bei trüber Witterung nicht hell genug. Noch eindringlicher wird der schlechte Zustand in einer gemeinsamen Erklärung des Pfarrers Hoffmann, des Schulzen Rese und der Kirchenvorsteher Polack und Dornfeldt aus dem Jahre 1844 beschrieben. Sie war an den preußischen Minister der Geistlichen, Unterrichts- und Medizinalangelegenheiten gerichtet. In den letzten Sätzen der Erklärung werden erste Forderungen nach einem Neubau laut, doch eine staatliche Unterstützung blieb den Antragstellern versagt. Allein hätte das damals 400 Einwohner zählende Dorf das Geld für den Neubau nicht aufbringen können. Das Hauptproblem der fehlenden finanziellen Mittel führte schließlich dazu, dass einige Mitglieder des Gemeindekirchenrates sich einige Jahre später ein Herz fassten und mit ihrem Pfarrer Telle nach Berlin fuhren. Dort wurden sie von König Friedrich Wilhelm IV. empfangen und erhielten während dieser Audienz tatsächlich die für den Neubau benötigten Mittel bewilligt.
1858 erfolgte die feierliche Grundsteinlegung der nach dem Willen des Königs von Friedrich August Stüler zu bauenden Kirche. Die für den Bau benötigten Findlinge wurden größtenteils mit Ackerwagen von der Parsteiner Gemarkung herangefahren, während die Ziegelsteine aus der Kgl. Ziegelei in Joachimsthal herangeschafft werden mussten. Die örtliche Bauausführung lag in den Händen des Oderberger Maurermeisters Wagenhorst. 1860, nach nur zwei Jahren, war der Bau trotz einiger Querelen um den Materialtransport fertig. Bei der feierlichen Innutzungsnahme am 21. August 1860 waren ein Vertreter des Konsistoriums und ein Königlicher Oberbaurat anwesend. Es wird vermutet, dass sich Stüler in seiner Bauplanung nach einem Entwurf von der Hand König Friedrich Wilhelms IV. zu richten hatte.
In den 85 Jahren bis 1945 traf die Hohensaatener Kirche nur einmal ein schwerwiegendes Unglück. Am 2. Pfingstfeiertag 1901 schlug während des Gottesdienstes der Blitz in den Turm ein. Dessen Spitze wurde dabei so stark beschädigt, dass sie noch im selben Jahr abgetragen werden musste. Doch erst im Jahre 1905 konnte die Turmspitze in ihrer ursprünglichen Gestalt wiederhergestellt werden.
Weitaus tiefgreifender jedoch waren die Schäden, die die Hohensaatener Kirche im Frühjahr 1945 er-

Schule und Kirche in Hohensaaten um 1845. Reproduktion einer verschollenen zeitgenössischen Zeichnung im Oderlandmuseum Bad Freienwalde

Foto: Hannelore Siebenhaar

litt. Als die Oder ab Februar zur Hauptkampflinie wurde, mehrten sich die Beschusseinwirkungen an der Kirche und an vielen Häusern des Ortes. Die Kirche selbst hatte das Inferno überstanden, wenn auch schwer beschädigt.

In der Not der Nachkriegsjahre ging es zuerst um die Beseitigung der Kriegsschäden und der Folgen der verheerenden Hochwasserkatastrophe vom Frühjahr 1947. Derweil stand die Kirche mit klaffenden Kriegswunden offen da und drohte zu verfallen. Am 10. Mai 1949 fand eine erste Besichtigung mit Vertretern des kirchlichen Bauamtes statt. Dem Gemeindekirchenrat wurde empfohlen, zuerst die Dachkonstruktion und den Choranbau wiederherzustellen. Im Zuge der sofort aufgenommenen Bauarbeiten wurden auch die Schäden im Innern repariert und neue Fenster eingebaut. Mit finanzieller Unterstützung des Konsistoriums sowie des Hilfswerks der evangelischen Kirche in Berlin-Brandenburg und nicht zuletzt durch viele freiwillige Hilfeleistungen und der nicht unbedeutenden Spenden aus der Gemeinde war es möglich, den ersten Bauabschnitt finanziell und bautechnisch zu bewältigen. Von entscheidender Bedeutung für die im Sommer 1950 erfolgreich abgeschlossenen Baumaßnahmen war das Engagement des in jeder Hinsicht um seinen Heimatort verdienten Hohensaateners Friedrich Rosenfeld (1900 – 1980). Der erste Festgottesdienst, der in der reparierten Kirche am Sonntag, dem 22. Juli 1950 gehalten wurde, blieb den Saatenern noch lange in Erinnerung, schon allein deswegen, weil Bischof Dibelius an dieser Feier teilnahm und durch seine Anteilnahme ein ermutigendes Zeichen der Hoffnung und Zuversicht setzte.

Noch waren am Kirchengebäude nicht alle Schäden beseitigt. Immerhin hatte das Gotteshaus 36 Artillerie-Volltreffer erhalten. Die Instandsetzung des Glockengeschosses des 36 Meter hohen Turmes einschließlich seiner Bekrönung und andere Arbeiten mussten infolge fehlender Finanzmittel bis auf weiteres zurückgestellt werden.

Im Frühjahr 1954 übernahm der Eberswalder Orgelbauer Karl Gerbig die Instandsetzung der aus dem Jahre 1874 stammenden Orgel. Die farbliche Neufassung des Innenraumes erfolgte 1961. Einzig die finanziellen Mittel zur baulichen Erneuerung des Turmes konnten vorerst noch nicht beschafft werden. Bereits 1956 wandte sich der Gemeindekirchenrat angesichts der immer größer werdenden Einsturzgefahr an das kirchliche Bauamt mit der Bitte um ein entsprechendes Gutachten. Es wurde dem Rat des Bezirkes Frankfurt (Oder) zugeleitet und enthielt den Hinweis, dass es sich bei der Hohensaatener Kirche um ein denkmalgeschütztes Bauwerk handele, dessen Turm angesichts der vielen offenen Einschussstellen einzustürzen drohe.

Es vergingen weitere zehn Jahre, bis sich 1966 endlich eine Berliner Firma bereit erklärte, die Einrüstung des Turmes zu übernehmen. Die eigentlichen Bauarbeiten wurden von der Produktionsgenossenschaft des Bauhandwerks „Neuenhagener Insel" ausgeführt. Noch vor Einbruch des Winters fand dieser letzte Bauabschnitt seinen Abschluss. Leider sind dabei die Eckfialen und die stark beschädigten vier Ziergiebel heruntergenommen worden, ein Umstand, der den architektonischen Gesamteindruck der Kirche sehr beeinträchtigte.

Nun vergingen wiederum mehr als drei Jahrzehnte, bis sich nach der Wiedervereinigung Deutschlands dank großzügiger öffentlicher Förderung die Möglichkeit bot, eine umfangreiche Sanierung des Stülerbaus vorzunehmen. Was 1999 bis 2001 innerhalb eines guten Jahres zustande gebracht wurde, verdient höchste Anerkennung. Der ehrenamtliche Einsatz der Gemeindeglieder aber auch die Spendenfreudigkeit zahlreicher heutiger und ehemaliger Hohensaatener haben zur Vollendung des Werkes beigetragen. Ergebnis all dieser Bemühungen sind die schönen bleiverglasten Kirchenfenster unter den Emporen, die neue Turmuhr mit dem automatischen Läutewerk, die Sitzheizung, die Zimmerarbeiten an Glockenturm und Gestühl sowie die Pflege der Außenanlagen.

Nach einem Kostenanschlag für das Gesamtprojekt, der sich auf 1,1 Millionen D-Mark belief, begannen die ersten größeren Sanierungsarbeiten von 1993 bis 1995 am Dachstuhl und am Dach. Am 22. Oktober 1994 konnte hier das Richtfest gefeiert werden. Am 11. Juni, dem Pfingstsonntag des Jahres 2000, setzten Pfarrer Thomas Berg aus Lunow und der Angermünder Kunstschmied Wilfried Schwuchow die neue Turmbekrönung mit dem Kreuz auf. In der Schatulle der alten Turmkugel, die so durchlöchert war, dass schon Vögel darin nisteten, fand sich ein nur noch fragmentarisch erhaltenes Schriftstück aus dem Jahre 1905.

Am 10. Dezember 2000 wurde die Kirche im Rahmen eines Festgottesdienstes, in dem Bischof Wolfgang Huber die Predigt hielt, wieder in den Dienst genommen.

Inzwischen sind schon wieder zehn Jahre vergangen, die mancherlei gravierende Veränderungen mit sich brachten. Hohensaaten gehört seit 2003 kirchlich nicht mehr zu Lunow, wie es zuvor über 450 Jahre lang der Fall war. Die Kirchgemeinde ist auch nicht mehr Teil des Kirchenkreises Angermünde (jetzt Uckermark), sondern des Kirchenkreises Oderbruch.

Der gotisierende Feldsteinbau besitzt im Innern noch die alte einheitliche Ausstattung mit Kanzel, Gestühl und Empore aus der Erbauungszeit. Die schon erwähnte Glocke aus dem 15./16. Jahrhundert stammt von Hans Mesman.

Reinhard Schmook

Vor der Zerstörung im Zweiten Weltkrieg war die Kirchturmspitze der Kienitzer Kirche weithin im Oderland zu sehen.

Aufgang zur Kirche: Das weiße Gebäude in seiner heutigen gedrungenen Gestalt lenkt die Blicke der Ortsbesucher auf sich. Foto: Michael Märker

„Die Kirche soll außen einen grauen Anstrich bekommen. Damit sie ihren alten Charakter behält. So wollte es der Superintendent. Aber die Maurer sagten: Unsere Kirche muss strahlen. Die streichen wir weiß." Das schrieb Erna Roder neben eine ihrer vielen Dorfansichten von Kienitz. Strahlend weiß mitten im Bild – ihre Kirche. Ihr Lebenswerk.

Die Pfarrersfrau hat durch ihre Bilder die Kienitzer Kirche vor dem schleichenden Verfall bewahrt. Durch den Verkauf ihrer Landschaften, Blumen und Tiere auf Dachschiefer, Papier, Pappe und Keramikfliesen, ihrer Figuren aus Stein und Beton, durch die Herausgabe ihrer Kalender von 1991 bis 2001 finanzierte sie die Instandsetzung des Gotteshauses. Und erfüllte damit auch das Vermächtnis ihres Mannes, des Pfarrers Wilhelm Roder, der von 1949 bis 1973 die Kienitzer als Geistlicher durch die schwierigen Nachkriegsjahre begleitete. Bei Pfarrer Roder waren kurz nach seinem Amtsbeginn überraschend drei Herren mit Spendengeldern aufgetaucht – ein Bischof aus der Schweiz, einer aus Schweden sowie ein deutscher Kirchenvertreter. Sie ermutigten ihn zum schnellen Wiederaufbau der zerstörten Kirche. Und so begann tatsächlich die ortsansässige Firma Otto Arndt 1951 mit dem Aufbau nach den Plänen des Architekten Gustav Gebhardt, noch ehe die Baugenehmigung eintraf.

Ein schwieriges Unternehmen, fehlte es doch, so wenige Jahre nach dem Krieg, fast an allem zum Bauen. Doch 1953 wurde die „Notkirche" eingeweiht und gesegnet. Es gab sogar eine eigentümliche Besonderheit in Kienitz: Als Ersatz für das zerstörte Pfarrhaus wurde das Kirchenschiff in zwei Geschosse geteilt. Im unteren entstand eine Wohnung für den Pfarrer, im oberen entstanden dagegen, über ein Treppenhaus erreichbar, zwei Gemeinderäume sowie ein Kirchsaal. Der Turm wurde verkürzt und erhielt statt seiner ursprünglichen steilen Spitze einen flachen Helm. Die Wände des ursprünglichen östlichen Kirchenschiffes blieben als Ruine ohne Dach stehen.

„Ein Mahnmal" für den heutigen, die Kienitzer Gemeinde betreuenden Letschiner Pfarrer Frank Schneider. „Es wird immer an den Zweiten Weltkrieg erinnern, an das zerstörerische und furchtbare Leid, das auch dieses Oderbruchdorf erfuhr." Denn Kienitz war hart umkämpft. Unter der Kirche befand sich ein Befehlsbunker, der Friedhof war ein Kampffeld, auf dem die Grabsteine Schützengräben stützten. Als die Waffen endlich schwiegen, lagen die Häuser des Dorfes in Schutt und Asche, standen von der Kirche nur noch Mauerstümpfe.

Der einstige Stolz der Kienitzer, ein verputzter Backsteinbau mit Glockenturm, wurde nach Abbruch des Vorgängerbaus zwischen 1829 und 1832 errichtet. Kienitz war kirchlich bis 1844 eine Filiale von Letschin. Denn es gab hier keine Pfarrstelle. Bis dahin mussten die Konfirmanden jede Woche einmal ins über sieben Kilometer entfernte Letschin zum Unterricht laufen. Am 1. Juli 1844 wur-

Ein Teil des Schiffs und des Chors sind heute ein Mahnmal, über dem sich der Himmel weitet. Fotos: Michael Märker

Der Kirchsaal für die Gemeinde: Er entstand 1951 mit dem Wiederaufbau eines Teils der zerstörten Kienitzer Kirche im oberen Stockwerk, im unteren wurde die Pfarrerswohnung eingerichtet.

de die Kirche Kienitz selbstständig. Zur Gemeinde gehörten Sophienthal, Sydowswiese und Rehfeld „mit insgesamt 3 200 Seelen", wie aus der Chronik hervorgeht.

Als „stattlich verputzten Saalbau mit Rundbogenfenstern und spitzem Westturm, der 1894 noch weitreichend renoviert wurde", beschreibt der bekannte Kleinmachnower Heimatforscher Dieter Mehlhardt in seinem Aufsatz über Märkische Dorfkirchen 1998 das Gotteshaus von Kienitz. Als „baulich gelungenes Provisorium mit erkennbarer Zweckbestimmung, zugeschnitten auf die heutige Gemeinde, mit kleinem Turm" sei die Kienitzer Kirche, so Mehlhardt, „die Zierde des Dorfes".

Bis in den Ersten Weltkrieg hinein besaß die Kirche drei Bronzeglocken. Sie mussten 1916 zum Einschmelzen für den Geschützbau abgeliefert werden. Dasselbe Schicksal ereilte die Zinnpfeifen der Orgel. In den ersten Februartagen 1945 wurde das Kirchengebäude bis auf die Umfassungsmauern durch deutsche Artillerie zerstört. Vom Pfarrhaus blieb nur ein Schuttberg übrig.

Wer heute die Tür zur Kirche öffnet, findet im überdachten Vorraum zum offenen Schiff diese Daten und Fakten zur Chronik. Reproduktionen Erna Roders von ihrer Kirche zu allen Jahreszeiten hängen an den Wänden. Und auch eine Fotografie von ihr. Sie zeigt die Pfarrersfrau, wie sich viele Menschen an sie erinnern – beim Malen auf der Wiese im Garten. Die Bilder widerspiegeln ein Stück von ihr selbst – alles erscheint ausgewogen, fügt sich ineinander. „Die Kienitzer Kirche – das ist mein Lebenswerk", schrieb Erna Roder. „Manchmal denke ich, meine Kraft reicht nicht mehr aus für all das, was noch zu tun nötig ist." Sie reichte nicht. 2007 starb die Ehrenbürgerin von Kienitz und die Brandenburgerin des Jahres 1994.

Noch 1981 erfolgten durch ihren beharrlichen Einsatz Instand- und Erhaltungsmaßnahmen an der Kirche. Der Außenputz und Anstrich wurde erneuert, die Ruine wurde gesichert, die provisorische Trennwand des Kirchenschiffs zum offenen Teil massiv errichtet. Später wurden die Fenster ausgewechselt. „Nun steht erneut eine umfassende Sanierung des Mauerwerks und des Putzes an", sagt Pfarrer Schneider. „Wir haben Fördermittel beantragt, auch Kirchenkreis und Landeskirche wollen uns unterstützen. Als Sprengel haben wir gemeinsame Pläne – alle Kirchengemeinden zusammen. Darin liegt unsere Stärke für die Zukunft", ist Pfarrer Schneider überzeugt. „In Kienitz feiern wir gemeinsam das Pfingstfest. Schon seit ein paar Jahren. Und Kienitz soll unsere Radfahrerkirche werden. Ein Ort zum Verweilen und Besinnen am Oder-Neiße-Radweg." Sich Zeit nehmen auf dem Weg – das passt zu den Psalm-Worten unter dem Zifferblatt der Kienitzer Kirchturmuhr: „Gott, meine Zeit steht in deinen Händen". Die Tür steht jedem offen.

Bärbel Kloppstech

Die Altsiedlung Kleinbarnim war Jahrhunderte lang nach Wriezen zur Marienkirche eingepfarrt, auf deren Kirchhof auch die Toten bestattet werden mussten. Der einzig mögliche Weg auf dem Wasser von Kleinbarnim nach Wriezen war beschwerlich, so dass sich die Dorfbewohner zunächst 1768 einen eigenen Friedhof einrichteten. 1776 entstand das noch heute stehende Bethaus in Fachwerk mit dem quadratischen Vorbau. Letzterer hatte einst ein Walmdach und erhielt erst 1955 seine heutige Bekrönung. Im Innern ist die gesamte barocke Ausstattung erhalten. Auch die silberne Taufschale und zwei Messing-Altarleuchter aus der Erbauungszeit haben alle unruhigen Zeiten überstanden. Die erste Glocke hielt nicht sehr lange und musste 1789 durch den Glockengießer Fischer in Königsberg/Nm. umgegossen werden. Für diese Glocke wurde ein separater Schauer aus Fachwerk errichtet, der etwas abseits in die Kirchhofsmauer einbezogen wurde.

Nach 1957 war dieser Glockenschauer so baufällig geworden, dass man ihn beseitigte und direkt neben der Kirche einen eisernen Glockenstuhl errichtete, in dem bis 2009 die Kleinbarnimer und die hierher verlagerte Großbarnimer Glocke hingen. Den Zweiten Weltkrieg überstand die Kirche mit einigen reparablen Schäden, die von den Zimmerleuten Paul und Walter Bellin sowie dem Tischler Helmut Klemerbereits 1948 ausgebessert wurden.

In den 1990er Jahren hatte sich der Zustand des Gotteshauses nach einigen alten Schäden weiter verschlechtert. Der Putz fiel aus den Gefachen, Holzbalken waren von Schwamm und Schädlingen befallen. Mit der Absicht, die Kirche schrittweise zu sanieren, gründete sich 1997 der „Freundeskreis zur Rekonstruktion, Pflege und Nutzung der Kirche von Altbarnim e. V." Eine große Spendenaktion im Jahr darauf erbrachte die ersten Mittel. 1999 und 2000 waren zur Sanierung der Hülle bereits 360 000 D-Mark verbaut worden. Sogar eine Stiftung mit dem Namen „Erich Karitzky Stiftung" wurde von Prof. Dr. Paul Gert von Beckerath in Brühl errichtet, um Mittel für die Restaurierung zu akquirieren. Von nun an erstrahlt die Kleinbarnimer Kirche wieder in Weiß. Im Juli 2000 errichtete der Zimmerer Ronald Desem aus Königlich Reetz als Meisterstück einen neuen Fachwerk-Glockenstuhl. An seinem ursprünglichen Standort sollte er entsprechend einer Intervention der Unteren Denkmalbehörde nicht bleiben und wurde schließlich 2005 auf den Friedhof umgesetzt. Im Jahre 2009 konnten die beiden Glocken aus dem stählernen Schauer auf Vereinsinitiative und mit neuerlichen Spenden zur Restaurierung gebracht werden. Am 4. Mai 2009 fanden sie ihren endgültigen Platz in dem hölzernen Glockenschauer auf dem Friedhof. Ihre Wiederinbetriebnahme erfolgte am 21. Mai 2009. An der Wiedererstehung der Kleinbarnimer Kirche ist abzulesen, zu welch beachtlichen Erfolgen das gemeinsame Wirken von Kirchengemeinde und Bürgerinitiative führen kann.

Reinhard Schmook

Die Kleinbarnimer Fachwerkkirche im Jahre 1957.

Foto: Michael Märker

Wohnwagen der Gossner Mission: Vor dem zerstörten Pfarrhaus wurde in diesem Provisorium gebetet. Foto: Archiv Seelow

Mit viel Engagement gebaut: Der Glockenturm besteht aus geschmuggelten Steinen. Foto: Michael Märker

Küstrin-Kietz hatte nie eine Kirche. Denn das Gotteshaus stand jenseits der Oder in Küstrin-Altstadt. In Küstrin-Kietz stand aber das Pfarrhaus, in dem bis zum Ende des Zweiten Weltkrieges Superintendent Nagel wohnte. Er war ein „Deutscher Christ". So nannte man die Kirchenmitglieder, die sich für die Ideologie der Nationalsozialisten aussprachen und sich von den jüdischen Wurzeln ihrer Religion verabschiedeten. Die Küstrin-Kietzer Kirchengemeinde war hingegen eine bekennende Gemeinde, berichtet Pfarrer Neumann in seinen Aufzeichnungen. Sie wurde von Pfarrer Rosenberg betreut, der der bekennenden Kirche angehörte, die sich gegen die Vereinnahmung durch die Nationalsozialisten gewehrt hatte.

Bei der Schlacht um die Festungsstadt wurde die Pfarrkirche Sankt Maria völlig zerstört und die Stadt geteilt. Das wieder aufgebaute Küstrin-Kiet-

zer Pfarrhaus dient heute als Gemeindezentrum. Dort treffen sich regelmäßig auch die Mitglieder der Küstrin-Kietzer Frauenhilfe, unter anderem, um sich der Nachkriegsgeschichte zu erinnern. Anhaltspunkte boten die von Pastorin Anja Grätz aufbewahrten Erinnerungen von Hans Neumann, der zwischen 1950 und 1955 Pfarrer in Küstrin-Kietz war: „Auf dem Pfarrgrundstück stand ein Zigeunerwagen, ein Missionswagen der Gossner Mission. Angestellt waren zwei Katecheten, die versuchten, Kinder zur Christenlehre zu sammeln und auch die Gemeinde. Wir gingen zusammen durch die Trümmer des Hauses, über Steine und Geröll und Superintendent Ringhandt sagte mir beiläufig, dass er dafür sorgen wolle, dass das ehemalige Pfarrhaus als Gemeindezentrum wieder aufgebaut werde. Aus dieser Steinruine sollte wieder ein Haus werden?“ So erinnerte sich Pfarrer Neumann an seine erste Begegnung mit dem einstigen Stadtteil von Küstrin.
Für den Wiederaufbau des Pfarrhauses packten die Gemeindemitglieder kräftig mit an. „Alle haben geholfen, Steine zu putzen“, weiß Elise Dickoff. Elisabeth Jordan, die Katechetin war in den 1950er Jahren in die Gemeinde gekommen, erinnert sich noch an die Arbeitseinsätze auf dem großen Pfarrgrundstück. „Hier sollte ja mal eine Kirche für Küstrin-Kietz gebaut werden. Aber erst war durch die Inflation das gesammelte Geld weg und dann kam der Krieg“, erzählt sie.
Und so hatten die Küstrin-Kietzer den Betsaal der Herrnhuter Brüdergemeinden im Dorf Kietz für Gottesdienste gemietet. Doch auch dieses Haus war im Krieg zerstört worden. Deswegen wurde entschieden, dass die Trümmer des Bethauses als Baumaterial für das Gemeindezentrum dienen sollten. „Wir konnten ja nur ein Haus aufbauen“, sagt Helene Lange. Die heute 80-Jährige hatte ihre Konfirmation auf der Flucht bei Belzig erhalten. Sie erinnert sich noch gut an die beiden Katecheten, die die ersten Gottesdienste nach dem Krieg im Wohnwagen abhielten. Gottesdienste wurden aber auch in Kochs Villa am Ortseingang abgehalten, wo auch der erste Schulunterricht der Nachkriegszeit stattfand.
Am 7. Januar 1951 wurde die Wiedereinweihung des Pfarrhauses gefeiert. Von besonderer Bedeutung war der Bau des Glockenturms im Pfarrgarten. Auch dazu gibt es Schilderungen von Pfarrer Neumann. Misstrauisch verfolgt von Vertretern

Die starken Frauen von Küstrin-Kietz: Bereits kurz nach Kriegsende hatte sich die Frauenhilfe gebildet. Helena Lange (links) zeigt ein Foto der Gründerinnen, zu denen ihre Mutter gehörte. „Das Pfarrhaus war total kaputt", erzählt sie. Foto: Michael Märker

der Partei- und Staatsmacht war es den Kirchenmitgliedern gelungen, das Baumaterial heimlich in den Pfarrhof zu bringen. „Mit ein bis zwei Steinen, die in Papier gewickelt wurden, kamen wir meistens zu den Veranstaltungen im Pfarrhaus an", weiß auch Helene Lange noch sehr gut. Pfingsten 1953 konnte die Gemeinde erstmalig den Gottesdienst mit zwei Glocken feiern. Dank einer Spendensammlung konnten diese beiden Glocken vor kurzem wieder repariert werden.

Heute kümmern sich vor allem Christa Hübner, Dorothea und Günter Franz sowie Christine Stoll darum, dass die Räume im einstigen Pfarrhaus geheizt und geschmückt sind, wenn dort Veranstaltungen stattfinden. Der Gemeindekirchenrat des Sprengels Golzow/Gorgast tagt besonders gern in Küstrin-Kietz, weil es dort immer leckeren Kuchen gibt, verrät Pastorin Anja Grätz.

Ulf Grieger

Ansicht von Norden: Das Foto zeigt die alte Kunersdorfer Kirche um 1900. Foto: Oderlandmuseum Bad Freienwalde

Neubau: Nach den Plänen von Curt Steinberg wurde die Kirche in Kunersdorf zwischen 1950 und 1955 gebaut. Der Entwurf des Architekten ist dem der in Frankfurt (Oder) in den 1920er Jahren gebauten Georgenkirche sehr ähnlich. Foto: Oliver Voigt

Nur das Pfarrhaus und der heutige Musenhof in Kunersdorf blieben von den Zerstörungen im April 1945 verschont. Die Märkischen Gutshäuser aus den Jahren 1704 und 1774 sowie die 1777 erneuerte Kirche waren dagegen völlig ausgebrannt. Auch die Kirchenbücher, das Taufbecken, der Abendmahlskelch und weitere Stücke aus dem Sakralbau gingen für immer verloren. „Und was der Krieg nicht völlig zerstörte, fiel dem Hochwasser 1947 zum Opfer", erzählt Erdmute Rudolf. Sie ist Mitglied im Gemeinderat sowie Kirchenälteste. Seit 15 Jahren wohnt sie im Pfarrhaus zur Miete und hat sich intensiv mit der Geschichte des Dorfes und seiner Kirche auseinandergesetzt.

Denn nur einem glücklichen Umstand und vor allem der Initiative der Kunersdorfer ist es zu verdanken, dass es im Ort wieder ein Gotteshaus gibt – wenn auch nicht an historischer Stelle, sondern an der durch Gräber nicht beanspruchten Mitte des Friedhofs. „Die Ruinen der Gutshäuser und der Kirche wurden abgetragen und die Ziegel zum Bau weiterverwendet“, berichtet Erdmute Rudolf. Denn nach dem Krieg lebten viele Flüchtlinge in Kunersdorf, die meisten Häuser jedoch waren in den letzten Kriegstagen zerstört worden. „Trotzdem war es den Bewohnern, darunter Katholiken und Protestanten, wichtig, wieder eine Kirche zu bekommen“, so die 77-Jährige. Notdürftig wurden im Pfarrhaus nach 1945 Gottesdienste, Trauungen, Taufen und der Konfirmandenunterricht abgehalten. „Die ersten beiden Pfarrer nach dem Krieg bewohnten mit ihren Familien nur ein Zimmer im Pfarrhaus. Der Rest war zeitweilig an bis zu zehn Flüchtlingsfamilien vermietet“, erzählt die heutige Bewohnerin des Hauses. „Doch die Leute wollten wieder eine Kirche haben. Und das, obwohl sie eigentlich weder Material noch Möglichkeiten hatten.“

So wurde das Problem an die Kirchenleitung in Berlin herangetragen und fiel dort auf fruchtbaren Boden, wie Erdmute Rudolf berichtet. Bis heute sei nicht ganz sicher, warum die Gemeinde Kunersdorf als erste und einzige im Oderbruch 1949 eine Baugenehmigung für den Kirchenneubau erhielt. Nach den Plänen von Curt Steinberg wurde 1950 mit dem Bau begonnen. Fotos dokumentieren die beschwerliche Arbeit der sogenannten Neubürger, die Baumaterialien aus der Ziegelei in Neuendorf bei Oderberg heranschafften. Nur mit Mitteln der Kirche, durch Bauholzspenden und Eigenleistungen der Bürger bzw. deren finanzielle Zuwendungen wuchs das Bauprojekt stetig. „Manche Leute sind in den Listen mit einer Spende von einer Mark oder 50 Pfennig vermerkt“, sagt Erdmute Rudolf gerührt. „Es ist erstaunlich, wie es die Bürger dieses kleinen Dorfes, die unter sehr ärmlichen Bedingungen lebten, geschafft haben, diesen Bau mitzutragen.“

Auch der plötzliche Einzug der Baugenehmigung von 1952 konnte die Kunersdorfer nicht schrecken. Zwar stand die Kirche ein Jahr als Rohbau im Ort, 1953 konnten die Arbeiten dann jedoch wieder aufgenommen werden. Doch selbst bei der Einweihung im Jahr 1955 war der Sakralbau noch eingerüstet, wie alte Fotos in der Kirche heute den Besuchern zeigen. Zu Pfingsten konnten der damalige Bischof Dibelius und Pfarrer Herche die von Architekt Gerhard Bischof aus Bad Freienwalde und der Firma Christoph aus Wriezen fertiggestellte Kirche einweihen. Etwa 2.000 Besucher zählt das Kirchenensemble mit den dazugehörigen Grabdenkmälern der Familien von Lestwitz, von Itzenplitz und von Oppen heute jährlich.

Nadja Voigt

Aufriss: Diese Zeichnung zeigt eine Innenansicht des im April 1945 zerstörten Gotteshauses. Foto: Repro MOZ

Die Letschiner Kirche um 1905.
Foto: Oderlandmuseum Bad Freienwalde

Wahrzeichen: Seit bald 200 Jahren ist Letschin für seinen Schinkelturm bekannt. Fast wäre er vom Erdboden verschwunden. Foto: Johann Müller

Siegfried Macholtz ist im Pfarramt die gute Seele. Der gebürtige Ortwiger zeigt Besuchern gern auch den Gottesdienstsaal. Foto: Johann Müller

Fast wäre das Wahrzeichen vom Erdboden verschwunden. Das war im Jahr 1973. Die Kirche, die seit dem Zweiten Weltkrieg nur noch als Ruine in der Letschiner Dorfmitte stand, sollte abgerissen werden und der schlanke Turm, den die Letschiner wegen seiner verzierten Spitze seit jeher Zuckerhut nannten, gleich mit. Aus Gründen der Sicherheit, hieß es. Dabei war der Turm 1945, als der Krieg schon so gut wie beendet war und letzte Feuergefechte noch viele Häuser und die Kirche in Schutt und Asche legten, fast unbeschädigt geblieben. Die Standfestigkeit, hieß es, sei aber ohne Fundament und Kirchenmauern nicht möglich. Dass der Turm auf der Abrissliste stand, rief jedoch sofort die Kirchenmitglieder der evangelischen Gemeinde auf den Plan. So schnell wollten sie sich damit nicht zufrieden gegeben. Ein Bauwerk, das mehr als 150 Jahre überdauert hat, reißt man nicht einfach in wenigen Tagen nieder. Erst recht nicht, wenn es einst nach Plänen des berühmten, preußischen Architekten Karl Friedrich Schinkel erbaut worden ist. Erst recht nicht, wenn es das Wahrzeichen des Dorfes ist.

Mit Hilfe des damaligen Chefs der Letschiner Bau PGH, Lutz Gregorczyk, legten die Christen das Fundament frei. Sie wiesen nach, dass der Turm sehr wohl alleine stehen kann. Der drohende Abriss war abgewendet. Der Turm gerettet.

Seine Geschichte beginnt 1818/19. In den Jahren wurde der Letschiner Schinkelturm im Stil der märkischen Backsteingotik erbaut. Das Gotteshaus war damit vollendet. Wenige Jahre zuvor war die Saalkirche fertig geworden. Die feierliche Weihe fand 1813 statt. Pfarrer Eccius schrieb damals: „Ein großer herrlicher Tag, der viel Leid vergessen machte."

Beim Bau des Turmes mussten die Bauleute sehr sorgfältig und genau arbeiten. Schinkel hatte detaillierte Anweisung gegeben, welche Klinker zu verwenden sind, welche Schindeln, welcher Mörtel. Der Turm sollte ein Musterbau für märkische Dorfkirchen werden. Etwa 34 Meter ist er hoch. Gekrönt wird der Turm von einer verzierten Metallspitze.

Seit 1956 rufen auch wieder drei Glocken im Kirchturm die Christen zum Gottesdienst. Am zweiten Advent fand die Weihe statt. Ein Glöckner tat bis 1965 seinen Dienst. Später konnte mit Spenden ein elektrisches Läutwerk finanziert werden.

Nach 1974 wurde der Kirchturm 2001/02 ein zweites Mal aufwendig und sorgfältig restauriert. Bauherr war der Landkreis Märkisch-Oderland, der Pächter des Schinkelturmes. Für 99 Jahre wurde das Wahrzeichen Mitte der 1970er Jahre von der Kirchengemeinde an den damaligen Rat des Kreises übergeben. Nach der politischen Wende übernahm der Landkreis die Unterhaltung und Pflege.

Heute treffen sich die Letschiner Christen im Pfarrhaus an der Bahnhofstraße. Es wurde vor mehr als 110 Jahren als zweite Pfarrstelle im Ort gebaut. Die Baugenehmigung für den Gemeindesaal, deren tatsächliche Größe von außen niemand vermutet, kam 1949. Das alte Pfarrhaus – vermutlich wurde es um 1600 errichtet – stand bis zu seiner Zerstörung 1945 dort, wo sich heute das Altenpflegeheim „Haus Hanna" befindet.

Schön und schlicht und von weit her sichtbar, so standen Kirche und Schinkelturm bis 1945 als Einheit in Letschin. In den letzten Kriegstagen brannte das Gotteshaus bis auf die Grundmauern nieder. Ein Wiederaufbau war nicht finanzierbar. Der Abriss offenbar unumgänglich – eine Kaufhalle sollte stattdessen an Stelle der Kirche gebaut werden. Übrig blieb den Letschinern nur ihr „Zuckerhut".

Im unteren Turmbereich gibt es heute eine kleine Dauerausstellung zur Geschichte des einstigen Gotteshauses und ein Mini-Kirchenmodell. Hätte sich die Kirchengemeinde nicht für das Wahrzeichen des Dorfes stark gemacht, am Ende wäre es wohl tatsächlich wie die Kirche spurlos vom Erdboden verschwunden.

Mandy Timm

Gesicherte Ruine: Die Mauerreste mahnen die Überlebenden und Nachkommenden des Krieges. Die Mensa auf dem gemauerten Altar ist eine frühere Grabplatte aus Granitgestein.

Gemeindesaal im Pfarrhaus: Hier werden Gottesdienste gefeiert, treffen sich die Senioren, kommt der Chor zur Probe zusammen. Pfarrer Martin Müller und Margret Flemming vom Gemeindekirchenrat haben sich mit dem „Ersatz" angefreundet. Originalstücke aus der zerstörten Kirche, wie die Engel über dem Altar, bewahren die Erinnerung an das einstige Mallnower Gotteshaus. Fotos: Michael Märker

Die Mallnower Dorfkirche galt als eine der ältesten und schönsten im Lebuser Land. Sie schmückte ein barocker Kanzelaltar und eine Loge mit Rankenschnitzwerk. Die Decke des Chores bildete ein spätmittelalterliches Sterngewölbe. Als angenehme Neuerung der ersten Hälfte des 20. Jahrhunderts kamen Licht und Warmluftheizung hinzu.
In den letzten Kriegstagen um den 20. März 1945 sprengten deutsche Pioniere den Kirchturm, der in das Kirchenschiff fiel und einen Brand auslöste. Nach dem Krieg verfiel die ungesicherte Ruine inmitten von Schuttbergen, hatte die Natur ein Erbarmen mit den nackten Mauern und ließ Bäume darauf wachsen.

Nur wenige Originalstücke sind erhalten geblieben. Wie die geschnitzten Engel und der Christus, die einst den barocken Altar zierten. Oder die Bilder mit der Abendmahls- oder der Kreuzigungs-Szene. Letzteres Motivbild soll sogar aus dem 16. Jahrhundert stammen, wie Pfarrer Martin Müller erfahren hat. Auch die hölzerne Gedenktafel mit den Mallnower Kriegsgefallenen, beginnend von 1813, hing einmal in der Kirche. Durch Zufall fanden sich die vergessenen Stücke auf dem Dachboden eines alten Bauernhauses. Gerettet und bewahrt vermutlich von Franz Buchholz, einst Kirchenältester, der sogar die alten Kirchenbücher mit auf die Flucht vor der heranrückenden Front

Gedenktafel für Mallnower Gefallene in den beiden Weltkriegen.

Eine der verzierten Original-Altar-Säulen.
Fotos: Michael Märker

Dieser Engel zierte wie andere Holzfiguren den Originalaltar.

genommen hatte und sie dadurch für die Nachwelt überlieferte.
Anfang der 1990er Jahre, als die Buchholzschen Nachfahren das Haus umbauen wollten, brachten sie ihren wertvollen Fund zu Pfarrer Martin Müller. Sie schmücken nun, gereinigt und zum Teil aufgearbeitet, den Gemeindesaal im 1950/51 wieder aufgebauten Pfarrhaus. Für die heutige Kirchengemeinde sind sie nicht nur lebendige Erinnerungen an das einst stolze Gotteshaus aus Feldsteinen, sondern auch eine sinnbildliche Brücke zu den vorangegangenen Generationen, die noch Gottesdienst in der Mallnower Dorfkirche feiern konnten. Als Ruine, als Mahnmal des Zweiten Weltkrieges erheben sich die Reste des enthaupteten Gotteshauses auf dem Friedhof, umgeben von den Gräbern der Toten.
An manchen Sommertagen erwacht jedoch wieder Leben in den alten Mauern – wenn die Kirchengemeinde Sommerfest feiert. Auch eine grüne und eine goldene Hochzeit gab es schon vor dem steinernen Altar mit der Mensa aus Granitgestein. Junge Mallnower wurden in den alten Mauern getauft; Abschied wurde von einem Verstorbenen genommen. Margret Flemming vom Gemeindekirchenrat ist 1943 noch in der Mallnower Dorfkirche getauft worden. Ihre Großmutter habe, als die Mallnower 1945 aus ihrem Dorf flohen, bei Schönfließ den Lärm der Sprengung des Turms gehört, erzählt sie. Als die Dorfbewohner zurückkamen, lagen ihre Häuser, wie die Kirche, in Schutt und Asche. Die erste Konfirmation nach dem Krieg habe 1948 im Garten hinter der Pfarrhausruine stattgefunden, weiß Margret Flemming von ihrer Cousine Sigrid. Sie selbst wurde im Mai 1958 im Gemeindesaal des 1950/51 wieder aufgebauten Pfarrhauses konfirmiert und zehn Jahre später getraut. „Hier spielt sich unser Gemeindeleben ab", sagt „Schwester Margret", wie sie die meisten im Dorf noch aus ihrer Gemeindeschwestern-Zeit nennen. „Hier feiern wir Gottesdienst, treffen uns zu den Chorproben. Natürlich wäre es schön, wenn wir eine richtige Kirche hätten, aber mit den Jahren haben sich alle an diesen Ersatz gewöhnt", sagt Margret Flemming, die seit den 1970er Jahren im Gemeindekirchenrat ist. „Wichtig ist doch, dass es überhaupt noch kirchliches Leben in unserem Dorf gibt."
Aus eigener Kraft der Gemeinde und des Kirchenkreises sei ein Wiederaufbau der Mallnower Kirche unwahrscheinlich, sagt Pfarrer Martin Müller. Natürlich habe er sich 1984, als er als Pfarrer nach Mallnow kam, gewünscht, in einer richtigen Kirche zu stehen. „Aber inzwischen ist Niederjesar wiederaufgebaut, hat die Kirche in Hohenjesar ein Notdach. Mit dem Sprengel Libbenichen, um den das Pfarramt Mallnow gewachsen ist, sind auch erhaltene Dorfkirchen dazu gekommen. Wir haben im Pfarramt Mallnow also nicht nur Notkirchen", resümiert der Pfarrer.

Bärbel Kloppstech

Die erste Baustufe war 1956 fertig geworden. Foto: Kirche

Kirche mit großem Ostgiebel: Beim Aufbau des kriegszerstörten Gotteshauses vor 50 Jahren hatten vor allem viele Jugendliche mitgeholfen. Foto: Johann Müller

„Ich weiß noch, wie die Jungen oben standen und uns die Steine immer auf Brettern herunterrutschten. Wir waren damals viele junge Leute beim Aufbau der Kirche." Ursula Becker gehört mit Erna Müller und Elfriede Heinze im Altenkreis der Gemeinde zu den wenigen, die dabei waren, als die Manschnower Kirche aufgebaut wurde. Pfarrer Klaus Zebe hatte nach dem ersten, 1956 abgeschlossenen Bauabschnitt zum Aufbau eines, wenn auch kleineren Kirchenschiffs aufgerufen. „Immerhin gab es damals 25 Konfirmanden. Wir brauchten ja auch dringend einen Raum", erinnert sich Erna Müller, die noch heute aktiv in der Kirchgemeinde arbeitet. Aus dem Chaos aus Ziegeln und Schutt hatten die Manschnower dank einer großen Spendenaktion und der Unterstützung des Gustav-Adolf-Werkes ihre Kirche wieder aufgebaut. „Jeder Zentimeter Schutt hat die Menschen daran erinnert, wie viel sie durch den Krieg verloren hatten“, erinnerte sich Klaus Zebe anlässlich des 50. Kirchweihjubiläums im Jahr 2008. Anders als in Nachbarorten, wo auch die vom Krieg übriggelassenen Umfassungsmauern geschliffen wurden, wollten die Manschnower wieder ihre eigene Kirche haben.

Im Altenkreis erinnern sich die Zeitzeuginnen noch sehr gut an die Zeit davor: Gottesdienste und Christenlehre fanden in der benachbarten alten Schule, dem heutigen Bürgerhaus statt. Eine Koexistenz von kirchlicher und staatlicher Einrichtung, die auch Konflikte barg, weiß Pastorin Anja Grätz aus den Erinnerungen Pastor Zebes. Denn mitunter hatte es der Pastor nicht einfach, vom Lehrer den Schlüssel zu bekommen. Für größere Feiern wie Taufen, Konfirmationen und Trauungen musste der Saal des Gasthofes „Zur Linde“ herhalten. Damit war es am 9. November 1958 mit der Kirchweih vorbei. Im Gegensatz zur benachbarten Gorgaster Kirche, die ein Jahr später eingeweiht werden konnte, hatte es beim Wiederaufbau in Manschnow kaum Widerstand der staatlichen Organe gegeben. „Wir hatten die Genehmigung des Rates des Kreises und den starken Zusammenhalt im Dorf“, erzählt Erna Müller. Der Aufbau war auch das gemeinsame Werk der Einwohner, die nach der Flucht vor Krieg und Hochwasser wieder heimgekehrt waren mit jenen, die ihre Heimat östlich der Oder verloren hatten und sich eine neue Existenz aufbauen mussten.

Der Zusammenhalt bewährte sich auch vor zwei Jahren, als es darum ging, die Kirche auf Vordermann zu bringen. Nicht nur Kirchenmitglieder, auch viele Firmen aus der Gemeinde hatten dazu beigetragen, dass die Renovierung zum vollen Erfolg wurde. Auch heute engagieren sich viele für das Gotteshaus. Das reicht von Gerhard Falk, der den Winterdienst absichert, über Familie Schade, die u. a. für den Altarschmuck sorgt, Gloria Schade, die die Sauer-Orgel spielt, bis zu Claudia Dittner und Monika Bachmann, die das Haus in Ordnung halten.

Doch was nutzt eine schmucke Kirche, wenn sie leer bleibt? Deshalb wünschen sich die Mitglieder des Altenkreises: Die Kirche Manschnow sollte häufiger so gut gefüllt sein wie zum Weihnachtssingen oder beim Martinsfest. „Denn unsere Pfarrerin predigt sehr gut“, wirbt Erna Müller.

Ulf Grieger

Im schmucken Kirchenschiff: Der Altenkreis trifft sich regelmäßig in den Räumen, die bereits im ersten Bauabschnitt bis 1956 aufgebaut worden war. Ursula Becker, Elfriede Heinze und Erna Müller (Mitte von links) gehörten vor 52 Jahren zu den Aufbauhelfern. Foto: Johann Müller

Einstiges Gotteshaus: Fachwerkkirche von Neubarnim, als Ständerbau errichtet, um 1940. Foto: Oderlandmuseum Bad Freienwalde

Hätte Petra Sorge das nicht mit dem Kreuz gesagt, es wäre vermutlich gar nicht aufgefallen. Verwittert und sperrig hängt es übergroß und leicht nach vorn geneigt über ihrem Kopf. Das Kreuz an der braunen Baracke ist das einzig Zeichen, das darauf hinweist, dass dieses Gebäude in Neubarnim eine Kirche ist – zumindest von außen. Petra Sorge sagt, ihre Kirchengemeinde hätte noch nie einen Farbeimer in einen neuen Anstrich des Kreuzes investiert. „Wir sparen", sagt die 47-Jährige und lächelt dabei. „Alles Geld soll in einen Kirchenneubau fließen. Wenn wir Geld dafür in die Hand nehmen, dann soll es auch eine richtige Kirche sein." Es wäre die dritte in Neubarnim.

Nach 1769/70 wurde 1961 zum zweiten Mal in dem idyllischen Dorf gebaut. Das Geld kam auch damals schon von der evangelischen Kirchengemeinde, die Baracke aus Bad Saarow. Gut 50 Jahre ist es her, dass die Neubarnimer auf ihrem Friedhof mit anpackten, um ihre neue Kirche per Hand aufzubauen. Ostern 1962 wurde das fertige Gotteshaus feierlich eingeweiht. „Nach dem Ende des Zweiten Weltkrieges war von der einstigen Kirche nicht mehr viel übrig", erzählt Petra Sorge. Sie ist die Vorsitzende des Gemeindekirchenrates und gute Seele der Neubarnimer Kirche. „Während der schweren Kämpfe um den Ort brannte das Gebäude fast vollständig aus." Eine SS-Einheit hatte die Kirche am 13. April 1945 in Flammen gesteckt. Einzig die Glocken blieben unbeschadet erhalten. Seit Anfang der 1950er Jahre rufen sie wieder zu Gebet und Gottesdienst. Dafür wurde ein separater Glockenstuhl gebaut. Die hölzerne Konstruktion ersetzten die Neubarnimer später durch eine aus Stahl.

Nach dem Krieg hielten die Christen trotz des allgegenwärtigen Mangels an dem Wunsch fest, eine neue Dorfkirche zu bauen. Gottesdienste feierten sie bis dahin provisorisch im alten Schulhaus. Aber

Kirche und Staat gemeinsam unter einem Dach, das ging nicht auf Dauer. Ein Neubau musste dringend her. Und der sollte die Nachfolge der zerstörten Fachwerkkirche antreten. Auf alten, vergilbten Bildern kann man sehen, dass damals wohl jeder im Dorf beim Aufbau anpackte. Bauern holten mit Fuhrwerken und Karren die Baustoffe heran. Frauen und Konfirmanden pickten in mühevoller Arbeit den Mörtel von Steinen. Unbezahlbar war das Engagement der Menschen am Bau ihrer Behelfskirche. Als solche wurde sie damals gebaut.

Ein Gotteshaus, massiv aus Stein, ist in Neubarnim deshalb nicht entstanden. Das Fundament des ersten Fachwerkbaus blieb, so weit vorhanden, erhalten. Das Holz kam aus Bad Saarow. Die alte Baracke wurde dort nicht mehr gebraucht. In Neubarnim schon. „Wer Zeit und Kraft hatte", sagt Petra Sorge, „hat an dem Aufbau mitgearbeitet. Das schweißte zusammen." In den 1980er Jahren baute die LPG einen Anbau aus Stein dazu. Dort ist seitdem der Eingang. Für eine kleine Küche war auch noch Platz.

Die Neubarnimer wissen, dass ihre Behelfskirche etwas ganz Besonderes ist. „Sie ist nicht schön", sagt Petra Sorge, „aber praktisch." Innen ist es hell und freundlich. Die Wände sind mit großformatigen Bildern geschmückt. Auch solche von der alten Kirche sind zu sehen. Ein Miniformat des einstigen Fachwerkbaus steht neben dem Altar. Im Raum, der groß ist, aber niedrig, stehen 90 Stühle. So viele Gemeindeglieder hat Neubarnim mit Gieshof zusammen. Als der langjährige Pfarrer Furchert vor Jahren in den Ruhestand verabschiedet wurde, da kamen sogar 130. Solche Ereignisse sind aber selten

Behelfskirche seit 1962: Petra Sorge ist die Vorsitzende des Gemeinderates Neubarnim. Sie kümmert sich nicht nur um die Mitglieder, sondern auch um die Kirche. Foto: Johann Müller

geworden. Höchstens 15 Christen würden heute die Gottesdienste besuchen, sagt Petra Sorge. Dann wird in der kalten Jahreszeit einfach die Winterkirche nebenan beheizt.

Als die Behelfskirche in Neubarnim gebaut worden ist, hat wohl niemand damit gerechnet, dass das Gotteshaus eine so lange Lebensdauer haben wird. Genau genommen ist ein Neubau auch längst überfällig. „Das Problem ist vor allem das Fundament", sagt Petra Sorge. Weil die Kirche nur zur Hälfte auf festem Grund steht, sackt sie ab, Jahr für Jahr, Stück für Stück. Spuren sind längst sichtbar. Am Boden, an den Wänden. Armdicke Risse ziehen sich mittlerweile durchs Mauerwerk. Besonders dort, wo der Altar steht. „So richtig hat sich noch niemand den Hut für einen Neubau aufgesetzt", sagt Petra Sorge. Am Ende wird sie es wohl sein, schätzt die Neubarnimerin, die den Bau in die Wege leitet. Geld sei da, zumindest für einen kleinen Kirchenbau. Und bis es tatsächlich so weit ist, wird weiter gespart. Und das sperrige Kreuz an der Notkirche hat auch ohne neuen Anstrich jede Menge Charme.

Mandy Timm

Foto: privat

Das Gotteshaus mitten auf dem Anger ist nicht das größte, aber kulturgeschichtlich eines der bedeutendsten im Oderbruch und darüber hinaus. Fachleute sehen die Kirche in Neuhardenberg als ein Zeugnis europäischer Baukunst. Sie ist Teil des Schinkel-Ensembles des Dorfes. Am 8. Juni 1801 hatte der große Dorfbrand im damaligen Quilitz nicht nur fast alle Wohnhäuser im Ort zerstört. Auch Kirche, Pfarrhaus und Schule wurden Opfer der Flammen. Gerade mal 20 Jahre alt, erhielt der spätere große preußische Baumeister und Architekt Karl-Friedrich Schinkel den Auftrag, Entwürfe für den Wiederaufbau von Dorf und Kirche zu erarbeiten.

Das neue Gotteshaus sollte an Stelle des abgebrannten barocken Kirchenbaus errichtet werden. Finanzrat Friedrich Wilhelm Bernhard von Prittwitz (1764 – 1843) plante eine Umgestaltung des Barockbaus im Zusammenhang mit dem Neubau von Schule und Pfarrhaus. Einher ging die Planung für die gesamte Ortschaft. Schinkel baute die Kirche aus und überformte sie in seinem typischen klassizistischen Stil. Der rechteckige Saal erhielt Emporen und aus Holz entstand eine halbrunde Altarnische.

1809 wurde die Kirche fertig gestellt. Ihr Äußeres wies die bis heute sichtbare Fassadengliederung auf. Nur Fenster und Türen wurden später noch einmal geändert. Eine Besonderheit war der Turm. Entsprechend des Schinkelschen Gestaltungsmotivs der gebänderten Kantenlisenen und großen Fugenquaderung erhielt er ein massives Aussehen. Das Portal wirkt dagegen klein.

Nur zwei Jahre später verkaufte Prittwitz Quilitz an die Krone. 1814 schenkte König Friedrich Wilhelm III. seinem Staatskanzler Carl-August von Hardenberg Quilitz. Es war sein Dank für die Stein-Hardenbergschen Reformen, mit denen Hardenberg maßgeblich die Neuordnung des preußischen Staatswesens einleitete. Der Ort wurde ein Jahr später in Neu Hardenberg umbenannt. Auch der neue Herr setzte auf das Talent Schinkels. Der gestaltete den Innenraum der Kirche von 1815 bis 1817 neu. Am 300. Jahrestag der Reformation feierte das ganze Dorf die Einweihung der Kirche. In historischen Aufzeichnungen fand sich die Feststellung, dass Neuhardenberg „nunmehr unter den Landkirchen der Provinz den ersten Rang einnimmt".

1822 stellte der Potsdamer Künstler Josef Bertini die vier Evangelisten-Bilder im halbrunden Altarraum fertig. Bis heute prägen sie maßgeblich die Innengestaltung. Noch im gleichen Jahr wurde Schinkel erneut ins Oderland gerufen. Im November starb Staatskanzler Hardenberg in Genua. Sein Herz ruht bis heute – verschlossen in einem gläsernen Gefäß – im Altar. Die etwas ungewöhnliche Replik sorgt bis in die Gegenwart für manchen Schauer bei Betrachtern. Es war der Wille Hardenbergs. Schin-

kel sollte für den toten Hardenberg ein Mausoleum entwerfen. Zwei Entwürfe lehnte dessen Sohn ab. Einer sah den Bau einer hallenartigen Baldachinarchitektur vor. Auf vier Pfeilern, die mit Rundbögen verbunden sind, sollte die Kuppel trohnen. Der zweite Entwurf beinhaltete den Bau einer Vorhalle, die sich an die Ostwand anschließen und in der eine Marmorstatue von Hardenberg stehen sollte. Auch dieser Entwurf fand kein Wohlgefallen. Erst ein dritter sehr viel schlichterer mit Gedenktafeln statt Statue wurde schließlich im Dezember 1823 genehmigt. Am 25. November 1824 wurde das Grabmal eingeweiht. Die Halle in Form eines dorischen Antentempels, der sich zum Gräberfeld hin öffnet, ziert bis heute den Kirchengiebel.
1921 wurde Carl-Hans Graf von Hardenberg der letzte Herr auf dem Gut seines Onkels sowie Patron der Kirche. Nach dem missglückten Attentat auf Hitler im Juli 1944 wurde Hardenberg verhaftet, kam ins Konzentrationslager Sachsenhausen, überlebte dort, wurde aber trotz seines Widerstandes gegen die Nationalsozialisten zur unerwünschten Person im Ort erklärt. Er starb 1958 in Frankfurt/Main. Erst im Oktober 1991 wurden er und seine Frau Renate auf dem Familiengrab in Neuhardenberg beigesetzt. So lange sie lebten, hatten sie gehofft, einst wieder Zugang zum alten Familienbesitz zu erhalten. Das geschah erst durch die politische Wende.
Der Ort erlebte seine dritte Namensgebung. Zu DDR-Zeiten in Marxwalde umbenannt, wurde er 1991 Neuhardenberg. Der letzte Kirchenpatron erhielt nun auch öffentlich seine Reputation zurück. Die Kinder bekamen den Familienbesitz rückübertragen, veräußerten ihn an den Sparkassen- und Giroverband. Der sanierte nicht nur Schloss und Kavalierhäuser, sondern baute auch neue Gebäude und passte sie in das denkmalgeschüzte Ensemble ein.
Auch in der Kirche, die den Krieg relativ unbeschadet überstanden hatte, geschah viel. Sie hatte während der sozialistischen Zeit baulich arg gelit-

Foto: Hannelore Siebenhaar

Manfred Krug und Uschi Brüning – zwei der vielen Stars, die schon in Neuhardenberg aufgetreten sind. Fotos: Michael Märker

Einen Stern gab es auch für Ministerpräsident Matthias Platzeck, hier mit Bürgermeister Mario Eska und Christa Starke.

Uwe Rosenberg, Vorsitzender des Fördervereins und Christa Starke, die unermüdliche Frau vor Ort. Sie hat bereits das Bundesverdienstkreuz erhalten und schon einigen hundert Paten einen Stern verpasst.

ten. Der Kirchturm war marode, das Dach defekt, das Gemäuer feucht, die Innenausstattung stark sanierungsbedürftig.

Im Oktober 1999 gründete sich ein Förderverein. Viele Menschen spendeten für die Arbeiten. Dach, Kirchturm und Uhr wurden restauriert, im Mausoleum wurde eine Inschrift angebracht und vergoldet. 2001 begannen die „Sternpatenschaften". Um die Renovierung des Innenraumes der Kirche zu finanzieren, wurden Patenschaften für die Sterne der Deckenmalerei, die ein Werk Karl Friedrich Schinkels sind, und die nach historischem Vorbild wieder aufgebracht wurden, vergeben. 2002 ist die Sternendecke fertig gestellt. Ein großer Teil der Sterne hatte inzwischen seinen Paten, darunter neben vielen privaten Spendern auch Größen aus Politik sowie aus Kultur und Kunst.

Das Umfeld der Kirche erfuhr ebenfalls eine umfassende Neugestaltung. 700 Wildrosen wurden gepflanzt. Sie rahmen die Familienbegräbnisstätte der Hardenbergs ein. Gemeinsam mit dem Schlossensemble bildet die Kirche heute einen ansprechenden Blickpunkt im Ort. Neben zahlreichen kirchlichen Veranstaltungen ist sie durch die enge Zusammenwirkung mit der Stiftung Schloss Neuhardenberg regelmäßig Anziehungspunkt für anspruchsvolle Kultur- und Musikveranstaltungen mit Künstlern von nationalem und internationalem Rang.

Doris Steinkraus

Die 1771 fertig gestellte Fachwerkkirche von Neuküstrinchen. Nach einem Ölbild von Hermann Gnädig aus Altküstrinchener Loose.

Die heutige Neuküstrinchener Kirche wirkt, besonders von Süden her gesehen, wie eine mächtige Burg des Glaubens, weswegen man sie gelegentlich auch „Dom des Oderbruchs" nennt. Doch sie hatte einen wesentlich bescheideneren Vorgänger, der im Zuge der Oderbruch-Besiedlung nach 1753 errichtet wurde. Die neuen Dörfer im Bruch zwischen Alter Oder und dem „Neuen Oder Canal" sollten ursprünglich nach Altreetz eingepfarrt werden, was sich aber aus verschiedenen Gründen nicht verwirklichen ließ. So kam es zum Entschluss, für diese Dörfer drei Kirchen errichten zu lassen: zwei kleine hölzerne in Neulietzegöricke und Neutornow und eine große massive in Neuküstrinchen. Letztere war als geistlicher Anlaufpunkt für die Kolonien Königlich und Adlig Neureetz, Neuküstrinchen, Neumädewitz und Neukietz gedacht.

Beim Bau dieser drei Kirchen, der noch vor 1763 begonnen wurde, gab es erhebliche Verzögerungen. 1766 war die Neuküstrinchener Kirche noch immer ohne Dach, so dass das gerichtete Fachwerk zu faulen begann. Erst königlicher Druck und neue finanzielle Mittel ermöglichten nach 1769 die Fertigstellung. Massiv allerdings wurde nur die Kirche in Neutornow erbaut. Neuküstrinchen hingegen erhielt einen Fachwerkbau, dessen Gefache einen halben Stein ausgemauert und im Innern mit Lehm verputzt waren. Im September 1771 war dieser Bau endlich vollendet und benutzbar. Es handelte sich um eine Simultankirche, in der ein Pfarrer die überwiegend lutherischen Kolonisten, ein zweiter die reformierten betreute. Ihre Gottesdienste hielten beide in Neuküstrinchen ansässigen Geistlichen im Wechsel der Wochenenden.

Die leichte Bauweise und die an den Tag gelegte äußerste Sparsamkeit beim Materialeinsatz führten dazu, dass schon zehn Jahre später das Gotteshaus als baufällig bezeichnet wurde und besonders der

Turm wegen verfaulter Schwellen einzustürzen drohte. Außerdem regnete es in den Kirchenraum hinein. Die dauernd anfallenden kostspieligen Reparaturen förderten bei Gemeinden und Behörden den Wunsch nach einem massiven Ersatzbau. Es dauerte dann aber noch fast 100 Jahre, bis der immer wieder zusammen geflickte, marode Fachwerkbau abgebrochen werden konnte. Auf derselben Stelle entstand nach Plänen des Münsteraner Architekten Wilhelm Ludwig Salzenberg ein massiver kreuzförmiger Ziegelbau mit markantem Westturm. Das Kirchweihfest fand am 31. März 1880 in Anwesenheit des bekannten Generalsuperintendenten D. Büchsel statt. Die neue Kirche hatte ursprünglich 1.400 Sitzplätze. Da die damalige Kirchengemeinde mit allen zugehörigen Dörfern etwa 3.000 Seelen zählte, rechneten die Kirchenältesten damals wohl mit einem zahlreichen Kirchgang und setzten als selbstverständlich voraus, dass jedes zweite Gemeindeglied den Sonntagsgottesdienst besuchen würde.

Eine Glocke aus dem Jahre 1904, gegossen von Franz Schilling in Apolda, trägt die Inschrift: „Friede auf Erden und den Menschen ein Wohlgefallen". Die andere musste im Zweiten Weltkrieg abgeliefert werden. 1905 erhielt die Kirche eine spätromantische pneumatische Orgel aus der Werkstatt von W. Sauer in Frankfurt (Oder), die 2000/01 gründlich überholt und repariert wurde.

Die schweren Kämpfe im April 1945 überstand die Kirche mit einem stark zerschossenen Dach und zersplitterten Fenstern. Schwere Schäden am Gestühl verursachte die Hochwasserkatastrophe im Jahr 1947, als das Wasser mehrere Wochen lang 1,50 Meter hoch in der Kirche stand. 1952 kamen die ersten von 38 neuen Fenstern in das Haus, farbige Stifterfenster, gestaltet von Katharina Peschel aus Berlin-Mahlsdorf. Das zerschossene

Foto: Hannelore Siebenhaar

Ziegeldach wurde 1960 durch das noch heute vorhandene Schieferdach ersetzt. Mit Unterstützung vieler freiwilliger Helfer gelang es 1996, das Innere in freundlichen Pastelltönen komplett farblich neu zu fassen, mitsamt der Nacharbeitung der historischen Schriftzüge.

Seit 1959 ist Joachim Schneider Pfarrer am Ort. Seine Lebensgeschichte ist eng mit der Geschichte der Neuküstrinchener Kirche und der ihm vertrauten Gemeinden verbunden, obwohl er bereits seit 1996 im offiziellen Ruhestand ist. Seine Kirche bietet heute noch 1.000 Menschen Platz, 500 im Hauptschiff, je 200 in den Querschiffen und 100 auf der Orgelempore. In den zur Kirche Neuküstrinchen gehörenden Dörfern gibt es aber nur noch etwa 350 Gemeindeglieder. Richtig voll wird die Kirche immer dann, wenn im Rahmen der Brandenburgischen Sommerkonzerte viele Musikbegeisterte den Weg ins Oderbruch finden.

Reinhard Schmook

Neulangsower Kirche als friderizianischer Putzbau mit verbrettertem Dachturm um 1910.

Wenn man vor der bescheidenen Kirchbaracke in Neulangsow steht, kommt man zunächst nicht auf die Idee, dass die friderizianische Koloniesiedlung einst eine richtige Kirche mit Turm besaß. Der noch heute recht große Ort gehört zu den späten Kolonistendörfern, die nach 1764 durch Friedrich den Großen angelegt wurden. Die Bewohner waren zumeist Wollspinner, von denen je zwei Familien in einem Doppelhaus wohnten. Ausgestattet war jede Familie mit drei Morgen Land, von dessen Bewirtschaftung allein sie nicht hätte leben können. Patron war das Domänenamt Wollup, von wo aus auch der Kirchenbau veranlasst und finanziert wurde.

Foto: Michael Märker

Die Kirche war ein rechteckiger verputzer Backsteinbau aus friderizianischer Zeit mit einem hölzernen Dachturm über der Westfassade. Aus dem quadratischen Unterbau wuchs die in ein Achteck überführte, mit Schiefer gedeckte Turmhaube heraus. Das Kirchendach selbst trug eine konventionelle Biberschwanz-Deckung. Man betrat die Kirche durch eine Tür inmitten der Nordwand. Im Innern stützten zwei Reihen quadratische Holzsäulen die Balkendecke. Die gesamte Innenausstattung gehörte der Erbauungszeit an und war preußisch schlicht. Im Turm hing eine Glocke, die 1819 von dem Glockengießer Großheim in Königsberg/Nm. gegossen und 1945 zerstört wurde. Bei den schweren Kämpfen im Frühjahr 1945 brannte die Kirche völlig aus. Zurück blieb ein Schutthaufen, neben den man in den Nachkriegsjahren eine Kirchbaracke errichtete. Heute ist von der alten Kirche nichts mehr zu sehen. Die Baracke steht aber noch immer und ist nach wie vor der Ort, an dem sich in Neulangsow die Christen zum Gottesdienst versammeln.

Reinhard Schmook

Blick in den Innenraum: Das Foto, das um 1900 entstand, hing damals in fast jedem Neulewiner Haushalt. Foto: privat

Im Glockenschauer: Die beiden gusseisernen Glocken, die den Zweiten Weltkrieg überstanden, hängen heute auf dem Friedhof. Foto: Oliver Voigt

Viel ist nicht übrig geblieben. Nur die beiden gusseisernen Glocken aus den 1920er Jahren und die Taufschale aus Messing erinnern noch an die einstige Fachwerkkirche in Neulewin. Gebaut wurde sie in den Jahren 1840/41; ab 1862 beherbergte sie sogar eine der ersten Orgeln des Baumeisters Wilhelm Sauer aus Frankfurt (Oder). Doch den Kampfhandlungen im Oderbruch zu Beginn des Jahres 1945 hielten beide nicht stand. „Auf dem Kirchturm befand sich eine Geschützstellung" erläutert Jürgen Furchert, der in den Jahren 1970 bis 2004 Pfarrer in Neulewin war. Auch das Pfarrhaus wurde im Krieg zerstört, beide Gebäude dienten später als Abbruch für Baumaterialien. Erst 1951 wurde das Pfarrhaus fertiggestellt, in dem der pensionierte Pfarrer Furchert heute mit seiner Frau lebt. „Beim ersten

Überrest: Die Taufschale stammt noch aus der Zeit der ersten Kolonisten, die sie mit aus dem süddeutschen Raum nach Neulewin brachten. Sie überstand als einziger Sachzeuge die Jahrhunderte und beide Weltkriege. Heute erinnert sie im Pfarrhaus an die bewegte Geschichte des Ortes. Foto: Oliver Voigt

Gottesdienst waren der Gemeinderaum und vor allem der Fußboden noch nicht ganz fertig", erzählt Jürgen Furchert. „Da lagen nur Bretter im Sand." Seither fanden alle Gottesdienste im Pfarrhaus statt. Denn eine Kirche erhielt Neulewin nach dem Krieg nicht wieder. „Manchmal war der Gemeinderaum allerdings viel zu klein", erinnert sich Jürgen Furchert. „Vor allem zu Heiligabend und bei Beerdigungen. Und bei jedem Fest waren wir immer auf schönes Wetter angewiesen." Denn wann immer möglich, verlegte Furchert die Feste nach draußen. „Nur einmal haben wir das Johannesfest hier im Ort in der Maschinenhalle von Marie-Luise Daue gefeiert. Das war sehr eindrücklich. Vorn der Altar und hinten die Strohballen." Aber auch ohne einen Sakralbau könne eine Gemeinde zusammenwachsen. Zwar sei die Kirche wichtiges Kulturgut und auch Identifikationsobjekt, so Furchert, doch genüge auch ein Versammlungsraum, um Gottesdienste, Taufen oder Trauerfeiern abzuhalten. „Und natürlich ein Altar, ein Pfarrer oder Kirchenältester, ein Kreuz und ein Taufstein", ergänzt der 67-Jährige.

Die Taufschale stammt noch aus den Anfangsjahren der Kolonisten, die Neulewin 1755 gründeten. „Die Messingschale stammt aus dem süddeutschen Raum und zeigt die Verkündigung des Engels an Maria, dass sie ein Kind gebären werde", erklärt Jürgen Furchert. 1771 wurde die erste Kirche in Neulewin eingeweiht. Doch schon bald darauf wurde sie baufällig. „Die vielen Hochwasser ließen die ersten Kirchen bald baufällig werden", erklärt der frühere Pfarrer. „In dem Bericht des damaligen Pfarrers ist zu lesen, dass er mit dem Kahn durch ein Fenster in die Kirche gelangte." Im Jahr 1841 wurde dann die neue Fachwerkkirche eingeweiht.

Der zweite Sakralbau erhielt 1776 eine in Berlin gegossene Glocke, die jedoch im Ersten Weltkrieg als „kriegswichtiges" Material eingeschmolzen wurde. 1921 wurden die beiden gusseisernen Glocken, die noch heute im sogenannten Glockenschauer auf dem Friedhof stehen, angebracht. Die Inschrift der kleineren der beiden Glocken lautet: „Ich rufe zum Beten. Ich klage am Grabe. Ich mahne bei Stürmen zu retten die Habe." Das sind Zeilen, die Jürgen Furchert bis heute anrühren. „Ich habe die Glocken am 30. Juni 1997, als das Oderbruch evakuiert wurde, läuten müssen. Da stand ich hier mit meinen Kindern und wusste nicht, ob ich überhaupt jemals ins Pfarrhaus zurückkehren würde", erzählt der Vater von fünf Kindern. Zum Glück sei es anders gekommen, sodass er weiter im Pfarrhaus wohnen kann – in dem bis heute Gottesdienste stattfinden.

Nadja Voigt

Vor der Zerstörung: Am Anfang des Dorfes, von Neukietz aus gesehen, stand die Neumädewitzer Kirche, die auf dem Foto von 1935 von Nordwesten zu sehen ist.

An beiden Enden von Neumädewitz liegt ein Friedhof, aber eine Kirche ist in dem Ort nicht zu finden. Abgerissen wurde sie kurz nach dem Zweiten Weltkrieg. Zwei Friedhöfe, das lässt aber schon darauf schließen, dass die Kirche, die es einst gab, für zwei Gemeinden genutzt wurde. Und so kommt es, dass nicht nur die Neumädewitzer, sondern auch die Neukietzer „ihre" Kirche verloren.

Da der kleine Ort nie ein eigenes Gotteshaus besaß, teilten sich die beiden Nachbarorte das Neumädewitzer Gotteshaus. Eine der ältesten Bürgerinnen von Neumädewitz, die 87-jährige Gerda Welk, erinnert sich noch: „Die Kietzer saßen rechts auf den Bänken und die Mädewitzer links." So blieb jede Gemeinde unter sich. Sogar die Eingänge waren getrennt. Die Kietzer benutzten den Haupteingang, während die Mädewitzer durch den Turm in die Kirche kamen. Es ging allerdings eher um die Kürze des Weges, als um eine absichtliche Trennung der Bürger. „Für uns Mädewitzer war das einfach bequemer", erzählt Gerda Welk. „Wenn wir in die Kirche gingen, haben wir uns immer vorher an der Schule versammelt." Die stand genau gegenüber der Kirche, die ihren Turm in Richtung Schule hatte, sodass es für die Mädewitzer nur ein Sprung über die Straße war und schon waren sie an ihrem Ziel angekommen."

Dies sind nicht ihre einzigen Erinnerungen. Ihre ganze Kindheit hindurch ging die 1923 geborene Neumädewitzerin regelmäßig in diese Kirche. Noch heute weiß sie viel über das 1945 schwer beschädigte Gebäude. „Ich wurde dort getauft und eingesegnet", sagt sie, und das sind nur zwei der zahlreichen Feiern, die sie dort erlebte. „Es gab viele Hochzeiten, Beerdigungen und Einsegnungen", erzählt sie weiter. Hinzu kamen außerdem die sonntäglichen Gottesdienste. Jeden zweiten Sonntag sei der Pfarrer aus Wriezen angereist, um den Gottesdienst zu halten. Gerda Welk gräbt lange in ihren Erinnerungen, sie weiß nicht mehr genau, wie der Pfarrer hieß. „Loebel, glaube ich", sagt sie schließlich. „Und da gab es noch einen Merkel", aber ganz genau wollen ihr die Namen nicht mehr einfallen.

Wenn die Neumädewitzerin von der Inneneinrichtung der Kirche erzählt, bekommt sie ein Strahlen in ihrer Stimme. „Vorne stand ein schöner Altar" erzählt sie. „Zum Friedhof hin waren große Fenster eingebaut und die Wände waren in einem ganz hel-

Erinnert sich: Gerda Welk zeigt neben den Neukietzer Friedhof. Dort stand die Neumädewitzer Kirche. Foto: Wiebke Schönherr

len, zarten blauen Ton gehalten. An einer Seite hingen die Nachrufe auf die im Ersten Weltkrieg gefallenen Soldaten." Mit dem Abriss der Kirche ging alles in Schutt und Asche über. Dazu zählt auch das Lehrerhaus, das direkt neben der Kirche stand. Davon ist heute nichts mehr übrig. Dafür steht noch das Schulgebäude, das Gerda Welk selbst acht Jahre lang besuchte, und an dem sich die Neumädewitzer für ihren Kirchgang versammelten. Es ist das Gebäude, in dem heute das Bürgerhaus untergebracht ist. „Das sah früher genauso aus", erinnert sich Gerda Welk. Alle Schüler des Ortes wurden dort gleichzeitig in einem einzigen Raum unterrichtet. Genauso wie dieses alte Schulhaus ist auch der Friedhof, der zu der Kirche gehörte, erhalten geblieben. Es ist der Neukietzer Friedhof. Begraben liegen dort nur Bürger aus dem Nachbarort. Die Neumädewitzer haben einen weiteren Friedhof für sich ganz am anderen Ende des Ortes.

Die Umgebung der Kirche ist gut erhalten geblieben, aber wo sie selbst eineinhalb Jahrhunderte lang stand, klafft heute eine große Lücke. Vor rund 60 Jahren wurde die Kirche abgerissen, da sie in den letzten Kämpfen des Zweiten Weltkrieges schwer beschädigt wurde. Das genaue Datum des Abrisses ist heute unbekannt. Dafür kennt der Historiker und Leiter des Oderlandmuseums in Bad Freienwalde Reinhard Schmook die Anfänge. Demnach konnten sich 1776 die Bürger des Ortes ein eigenes Gotteshaus als Fachwerkbau leisten, vorerst ohne Turm. Er kam im Jahr 1800 hinzu.

Da die Kolonie „Neu-Medewitz" aber bereits im Jahr 1765 mit 38 Familien gegründet worden war, mussten die Einwohner die ersten elf Jahre ohne eigene Kirche auskommen. Insofern waren die Zustände damals ähnlich wie heute: Die Neumädewitzer kamen in ortsfremden Kirchen unter. Waren es damals die Kirchen in Wriezen und Altreetz, besuchen heute die Neumädewitzer die Kirche ihrer Nachbargemeinde Altmädewitz. Nur gut einen Kilometer entfernt, hatte dieser Ort mehr Glück. Dessen Kirche überstand den Zweiten Weltkrieg so gut wie unbeschadet.

Wiebke Schönherr

Kleinod: Von den Kriegsfolgen ist an der Neutornower Kirche nichts mehr zu sehen. Das schlichte Kirchenschiff wurde 1929 nach einem Dachstuhlbrand aufgestockt. Erst damals erhielt die Kirche ihre jetzige Gestalt. Fotos: Oliver Voigt

Noch heute erinnern die Löcher in den Kirchenbänken an die Granatsplitter, die 1945 an der Ostseite der Neutornower Kirche einschlugen. Die Russen vermuteten, dass sich im Turm ein Beobachtungsposten befand und nahmen die Kirche daher unter Beschuss. Das Gotteshaus thront sicher vor Hochwasser oberhalb des Dorfes und ist weithin zu sehen. Von dort schweift der Blick über die Alte Oder und ins Oderbruch. Heute ist von den Kriegsspuren nichts mehr zu sehen, denn die Kirche wurde nach der Wende umfangreich saniert. „Friede sei mit Euch" – der Spruch über dem Haupteingang verleiht der Hoffnung Ausdruck, dass sich dieses Geschehen nicht wiederholt.

„Im Dach klaffte ein großes Loch", blickt Otto Schmidt zurück. Der 72-Jährige, langjähriges Mitglied im Gemeindekirchenrat, kann sich noch gut an den Beschuss in den letzten Kriegstagen erinnern. Im Zentrum Schiffmühles rund um die Kirche brannten sieben Häuser nieder. In der Kirche seien der Altar, der Altarfuß und jene Kirchenbänke zerstört worden, die um den Altar ein Geviert bildeten. Die Schäden im Inneren seien schnell behoben und das Dach wieder geschlossen worden, so Otto Schmidt. Ein Tischler ergänzte den Altarfuß, auch ein neuer Altar musste her. Die zerstörten Bänke wurde jedoch nicht mehr ersetzt.

Zu DDR-Zeiten gab die Kirche ein jämmerliches Bild ab. Für eine Renovierung hatte die Gemeinde

Einschuss: Otto Schmidt zeigt eine von Granatsplittern beschädigte Kirchenbank.

kein Geld, an Fördermittel war gar nicht erst zu denken. „Sie war zwar immer benutzbar, es ging aber keiner mehr hin", sagt Otto Schmidt, der den Aufbau der Kirche nach der Wende maßgeblich begleitete. Lediglich zu Taufen und Hochzeiten stiegen die Schiffmühler gelegentlich hinauf in ihre Kirche. Das wenige Mobiliar im Innern sei im Wesentlichen erhalten geblieben. Auch der graue Anstrich der Holzstücke mit der roten Umrandung sei immer so gewesen. „Die Kirchenbänke könnten jetzt mal wieder einen Anstrich vertragen", ergänzt Otto Schmidt. Doch dafür fehlt das Geld. Mit 120 Mitgliedern kann die Gemeinde Neutornow keine großen Sprünge machen.

Auf Geheiß Friedrichs II. wurde 1769 mit dem Bau des Neutornower Gotteshauses begonnen. Mit dem Aufsetzen eines Turmkopfes am 2. März 1770 war die Kirche fertiggestellt. Von den Anfängen berichtet Kenneth Anders, Vorsitzender des Neutornower Gemeidekirchenrats, in einer Moritat, die er beim Gemeindefest vor zwei Jahren verlesen wollte. Die Schrift blieb unveröffentlicht, weil ein Unwetter das Gemeindefest vorzeitig beendete: „Am Anfang war unsere Kirche ein einfacher Kasten, ohne Empore und ohne Turm – und ähnelte so beinahe den Herrnhuter Gemeindesälen in der Lausitz. Im Jahre 1877 vermeldet eine neue Schriftrolle im Turmknopf nun den Anbau des Turms: Das walte Gott, Vater Sohn und hl. Geist! Unseren lieben Nachkommen und allen, die diese Schrift lesen, Gnade und Friede! Sinte mal und alldieweil der Bau dieses Kirchturms nunmehr durch Gottes Gnade so weit vollendet ist, dass am heutigen Tage der Knopf aufgesetzt wird, geben wir hierdurch Nachricht."

Erst 100 Jahre nach dem Bau der Kirche wurde der Glockenturm, nach einem Entwurf von Gerhard Erbkam, errichtet. Wegen eines defekten Ofenrohrs brannte der Dachstuhl 1929 aus. Beim Wiederaufbau 1930 stockte die Kirchengemeinde das Gotteshaus um die Empore auf. Von außen ist der Aufsatz durch ein Gesims zu erkennen. Er gibt der Fassade ihre charakteristische Struktur.

Nach 1989 seien zunächst der Turm und dann das Kirchenschiff saniert worden. Mit Hilfe der Partnergemeinde in Pforzheim (Baden-Württemberg) konnte die Gemeinde die Sanierung schultern. Ein weiteres Pfund sei der Zusammenhalt der Neutornower Kirchengemeinde, die sich mit der Kirche identifiziert. „Hier bleibt nichts liegen, jeder packt mit an", schwärmt Kenneth Anders. Sei irgendwo ein Ziegelstein locker, dann sieht es einer und befestigt ihn wieder. Bei Arbeitseinsätzen auf dem Friedhof rund um die Kirche helfen viele Schiffmühler. „Unser Rekord waren 16 Leute", so der Vorsitzende des Gemeindekirchenrates. Auf dem Friedhof liegt ein Prominenter: Louis Henri Fontane, der Vater des bekannten Schriftstellers Theodor Fontane.

Fotos: Oliver Voigt

Allein durch das persönliche Engagement der Bürger konnte die Uhr des Turms wieder repariert werden. Herbert Riegel, der einer der ältesten Familien des Dorfes entstammt, nahm sich des großen Zeitmessers an, berichtet Kenneth Anders. Er ließ die Uhr an Seilen herab. „Sein Nachbar zeichnete mit freier Hand das fehlende Teil des Minutenzeigers nach, sodass man das Stück bei einem Schlosser nachbauen lassen konnte", so Anders. Schließlich sei es angenietet worden. Einige Ersatzteile konnte Riegel in Berlin auftreiben. Danach wurde die Uhr wieder eingesetzt. Sie läuft bis heute. Otto Schmidt zog die Uhr täglich auf, jetzt hat diese Aufgabe ein 18-jähriger Schüler übernommen. Improvisieren wird groß geschrieben in Neutornow. Der Pfeifenkasten der Orgel ist mit Sandsäcken ausgekleidet, die 1997 vom Hochwasser übrig blieben. „So was finden Sie woanders nicht!", ruft Otto Schmidt stolz aus. Ein Problem bleibt jedoch ungelöst. An dem Turm, nach der Wende schnell saniert, blättert Putz aus Kunstharz wieder ab. „Doch dafür werden wir wohl kein Geld mehr kriegen", bedauert Kenneth Anders.

Steffen Göttmann

Entwurfszeichnung des Bauinspektors Carl Dornstein aus dem Jahre 1813. In: Die Mark Brandenburg. Heft 24: Oderbruch. Im Frieden erobert, Berlin 1997, S. 10.

Foto: Michael Märker.

Neutrebbin hatte ursprünglich eine um 1770 errichtete Fachwerkkirche. Deren Gefache waren einen halben Stein stark ausgemauert und innen mit Lehm verstrichen. Zu Beginn des 19. Jahrhunderts war die Kirche so marode, dass man sich zu einem Neubau entschloss.

1810 erhielt der Wriezener Bauinspektor Carl Dornstein einen entsprechenden Projektierungsauftrag. 1813 lieferte er seinen Entwurf in gotisierenden Formen, der vom Wriezener Maurermeister Neubarth in der von Karl Friedrich Schinkel überarbeiteten Fassung ausgeführt wurde. Es entstand in Neutrebbin eine der ersten gotischen Landkirchen in der Mark Brandenburg, die am 31. Oktober 1817 feierlich in Nutzung genommen wurde. Im Turm hing die alte Glocke mit der Inschrift „Unter Direktion des Herrn Teichhauptmann Struve und Herrn Bauinspektor Christiani goß mich Joh. Christian Meyer 1776". Dazu kam 1817 noch eine zweite, auf der „Soli deo Gloria 1817" stand. Beide Glocken wurden im Jahre 1917 an die Heeresrohstoffverwaltung abgeliefert und eingeschmolzen. Von den 1924 neu beschafften beiden Glocken fiel 1942 die größere der Kriegsrüstung zum Opfer. Die kleinere blieb erhalten. Im Zweiten Weltkrieg nahm die Kirche kaum Schaden. 1953 erfolgte eine umfassende Sanierung an den hölzernen Aufbauten des Turmes. Außerdem wurde der Innenraum umgestaltet, Wasserschäden beseitigt, die Fenster und der verwitterte Außenputz erneuert. Dabei entfernte man sämtliche gotische Zierelemente wie das Maßwerk der Fenster und den Spitzbogenfries unter der Traufe.

2004 war die Holzkonstruktion des Turmes so schadhaft geworden, dass die Standfestigkeit zu schwinden drohte. Auch das Dach war an mehreren Stellen undicht. Im Zuge der umfassenden Sanierung bekam die Kirche zuerst eine zweite Glocke. Nach der Kirchturmsanierung erhielt das Gotteshaus 2005 ein neues Dach. In den Folgejahren wurden Schritt für Schritt die Fundamente und die Fassade saniert. Seit Oktober 2005 ziert den farblich wiederhergestellten Innenraum eine vollständige Replik des berühmten Isenheimer Altars in Colmar.

Reinhard Schmook

Die Soldatenkreuze standen schon: Die Kirche kurz vor der Sprengung im April 1945.

Von Niederjesar ist 1997 eine Initialzündung ausgegangen: Nach 52 Jahren sollte für die Kirche des Ortes das Ruinendasein zu Ende gehen. Im September des Jahres begann die Sanierung der ersten zum Kriegsende zerstörten Kirche im Oderbruch.

Im April 1945 hatten deutsche Soldaten den schlanken Kirchturm gesprengt. Er war, wie die gesamte Kirche, 1859 vom Schinkel-Schüler Friedrich August Stüler im neuromanischen Stil umgestaltet worden. Das Kirchenschiff wurde durch die Turmsprengung schwer beschädigt. Zwar hatte der damalige Pfarrer Martin Schwarz in den 1950er Jahren den Einbau eines kleinen Raumes als Notkirche in die Ruine bewirken können. Doch Tatsache blieb: Im gesamten Pfarrsprengel Mallnow, zu dem Niederjesar gehört, gab es keine einzige funktionstüchtige Kirche.

Das sollte sich nach dem Besuch von Kanzleramtsminister Friedrich Bohl 1995 im Oderbruch ändern: Ab 1997 flossen Fördermittel aus dem Kirchen-Staatsvertrag. „Als im Pfarrsprengel damals die Frage aufkam, welche der fünf Kirchenruinen wieder aufgebaut werden sollte, waren sich die Kirchenältesten schnell einig, dass es Niederjesar sein sollte", erinnert sich der Mallnower Pfarrer Martin Müller. Die Kirche schien am besten geeignet, die Zentrumsfunktion fürs kirchliche und gemeindliche Leben zu übernehmen.

Denn eine Voraussetzung für die Förderung der Rekonstruktion war, dass Gemeinde und Kirchengemeinde an einem Strang ziehen. Sie schlossen einen Nutzungsvertrag. Als Dritter im Bunde setzte sich der Ende 1997 gegründete Förderverein für den Wiederaufbau der Kirche ein. Vereinsvorsitzender ist Gunter Pröhl. Es sollte nicht darum gehen, Wunden zuzudecken, die Narben des Krieges sollten zu sehen sein. Deshalb und aus Kostengründen wurde auf den Wiederaufbau des Kirchturmes verzichtet. Als die Kirche im Oktober 1999 mit einem Festgottesdienst wieder eingeweiht wurde, trug sie unterm neuen Flachdach ein gläsernes Lichtband, das den Chorraum, die durch eine Schiebetür abtrennbare Kapelle und den im dritten Bauabschnitt 2002 fertiggestellten Gruppenraum unter der neuen Empore erhellt.

So sah die Kirchenruine um 1990 aus: Wildwuchs drohte die Mauerreste endgültig zu zerstören. Foto: Kirchengemeinde

Gelungene Verbindung von Tradition und Moderne: Von der Empore, auf der Pfarrer Martin Müller hier sitzt, bietet sich ein schöner Blick in den Kirchenraum sowie durch die Glastür in die Kapelle. Foto: Michael Märker

Ohne Turm, aber wieder voll funktionsfähig: Seit 2002 wird die Kirche in Niederjesar als Dorfgemeinschaftszentrum vielfältig genutzt. Foto: Michael Märker

Die Kirche ist seitdem Niederjesars Dorfgemeinschaftszentrum. Hier finden nicht nur alle zwei Wochen Gottesdienste, sondern auch viele Konzerte, Ausstellungen, die Seniorenweihnachtsfeier der Gemeinde und alle zwei Jahre zu Pfingsten die Nacht der offenen Kirche statt. Was ist sonst noch besonders? Pfarrer Martin Müller muss nicht lange überlegen: „Nur in Niederjesar beginnen die Gottesdienste schon um 8.30 Uhr", sagt er. Das hat Tradition. Seit die Kirche 2008/09 auch noch neue, farbig gestaltete Chorfenster bekam, hat Martin Müller nur noch einen Wunsch: Eine Orgel.

Ines Rath

Vor dem Abriss: Christine Wiese zeigt ein Bild, auf dem beide Ortwiger Kirchen zu sehen sind. Kurze Zeit nach der Aufnahme wurde die kleine Fachwerkkirche abgerissen. Siegfried Macholtz, Christa Wegner, Irmgard Kaul und Jürgen Sattler (von links) gehören wie Frau Wiese zur Kirchengemeinde. Foto: Michael Märker

„Big Love" – große Liebe hat jemand in schlanken Buchstaben an den einstigen Altar gesprüht. Ob er mit dem Bekenntnis eine Angebetete meint, Gott oder die Kirche bleibt offen. Beliebt ist der ungewöhnliche Platz, auf dem der Altar unter freiem Himmel steht, allemal –und das, obwohl von der früheren Kirchenpracht nicht mehr viel übrig ist. Das Gotteshaus in Ortwig ist zerstört. Es ist eine Ruine, seit 65 Jahren schon, seit dem Zweiten Weltkrieg.

Mächtig und stolz soll die Kirchturmspitze früher schon von weitem zu sehen gewesen sein. Irmgard Kaul erinnert sich noch. Sie gab 1944 in dem Gotteshaus auch ein Liebesbekenntnis und heiratete. Ein Jahr später lag die Kirche in Schutt und Asche. Zeitweise sollen bis zu 700 Artillerierohre auf Dorf und Gotteshaus gerichtet worden sein. Ortwig wurde am Kriegsende zu 45 Prozent zerstört.

So wie von vielen Häusern und Gehöften blieb auch von der Kirche nicht fiel. Dabei war der Bau relativ neu. Seine Lebensdauer betrug gerade mal 33 Jahre. Weil der Vorgänger, eine Fachwerkkirche, stark baufällig war (der Pfarrer soll während eines Festgottesdienst beinahe mit der hohen Kanzel abgestürzt sein und der Kirchturm drohte bei jedem Glockenschlag einzustürzen) musste neu gebaut werden. 1911 legten die Christen den Grundstein. Zwei Jahre später wurde die neue, stattliche Dorfkirche feierlich eingeweiht. Bis zum Abriss des alten Fachwerkbaus standen in Ortwig zwei Kirchen nebeneinander.

Der Altar im neuen Bau wurde damals Richtung Osten und neben dem Kirchturm errichtet. „Beides ist ungewöhnlich", sagt Christine Wiese von der Kirchengemeinde. „Altäre zeigen in evangelischen Kirchbauten eigentlich nach Westen und befinden sich nicht neben dem Kirchturm." Weil der Boden aber sehr uneben und sumpfig war, sei extra eine Bodenplatte gegossen worden, erzählt Frau Wiese. Die massive Platte allein verschlang eine horrende Summe. Um weitere Kosten für eine Bodenplatte zu sparen (im Westen, wo der Kirchturm normalerweise steht, war ebenfalls grundloser Boden), wurde der Kirchturm kurzerhand neben den Altar gebaut. Nachdem die Kirche zerstört war, hielten die Christen zunächst in der Gaststätte Siebert ihre

Irmgard Kaul kennt die Kirche wie niemand sonst. Fotos: Michael Märker

Gottesdienste ab. Konfirmandenunterricht fand bei den Familien Brill und Kaul im Wohnzimmer statt. Anfang der 1950er Jahre arbeitete Ernst Krüger detaillierte Pläne für einen Kirchenneubau aus mit Kostenvoranschlägen und dem Material, das nötig war. Der Plan wurde sogar vom Kirchlichen Bauamt abgesegnet. In das Gotteshaus sollten unten der Pfarrer einziehen und oben die Kirchengemeinde für ihre Gottesdienste. Aus dem Vorhaben wurde aber nichts. „Warum", sagt Christine Wiese, „weiß niemand so genau. Stattdessen wurde die Kirche nach den Ortwiger Plänen im Nachbardorf Groß Neuendorf aufgebaut." 1954 wurde stattdessen an einem Teil der Ruine eine schlichte Notkirche für die Glieder errichtet. Bis heute treffen sich dort Ortwiger und Groß Neuendorfer zusammen, 126 insgesamt. Zwei Glocken wurden im selben Jahr unkonventionell in die hohen Fensteröffnungen der erhalten gebliebenen Südwand eingebaut.

Anfang der 1950er Jahre gab es Pläne, die Ortwiger Kirchenruine wieder aufzubauen. Daraus wurde nichts. Heute finden im Sommer Konzerte und Gottesdienste unter freiem Himmel statt.

Das große Aufräumen begann erst nach der Wende. Schuttberge und Bäume wurden Lkw-weise abgefahren. Der Altar und ein Großteil des gefliesten Kirchenbodens blieben fast vollständig erhalten. Maurermeister Detlef Brückner aus Kienitz sanierte mit Hilfe einfacher, aber wirk-samer Mittel die noch vorhandenen Gebäudeteile", wie Hans-Georg Rieger und Günther-Alexander von Wittich in ihrem Buch „Kirchen im Oderbruch" schreiben – er hauchte der Kirchenruine neues Leben ein.

Die Ortwiger schätzen den Ort in ihrer Mitte und bekennen sich auch dazu. Sie haben aus der Not eine Tugend gemacht. Jeden Sommer finden dort, wo einst ihre stolze Kirche stand, Konzerte statt oder Gottesdienste. Dann werden Stühle und Bänke herbeigeschafft, dann wird gelauscht unter freiem Himmel und einem Blätterdach. Die Ortwiger hegen und pflegen ihren Kirchplatz – so wie er ist. Es ist fast wie eine große Liebe.

Mandy Timm

Imposanter Bau: Mitten auf dem Dorfanger stand die Platkower Kirche – 1974 wurde sie gesprengt. Repro: Michael Märker

Innenansicht: Die Platkower Kirche hatte Emporen und eine große Apsis.

Die Platkower Kirche war ein stolzer Bau mitten auf dem Dorfanger. Sie überragte das Gotteshaus im benachbarten Gusow bei weitem, bot Platz für 700 Menschen. 1878 war sie eingeweiht worden, nachdem der zu klein gewordene Vorgängerbau an gleicher Stelle weichen musste. Noch gibt es einige im Ort, die enge Bindungen zu dem imposanten Bau hatten. Edith Bache ist mit 86 Jahren ältestes Gemeindekirchenglied. Taufe, Einsegnung, Hochzeit – alle wichtigen Stationen ihres Lebens spielten sich für sie in der Kirche ab. Dann kam der Krieg. „Die Schäden waren gar nicht so gravierend", erzählt der 80-jährige Erich Kärger. „Das Dach war beschädigt und auch der Turm. Wahrscheinlich wurde zu lange mit der Reparatur der undichten Stellen gewartet." Es war jedoch eine Zeit, als Baumaterial knapp war. Die Kirche wurde zurückgedrängt, hatte kaum Chancen auf die vom Staat zugewiesenen Baustoffe.

Die Christen des Ortes versuchten dennoch, ihre Kirche wieder vollständig instand zu setzen. Das Dach wurde geschlossen. Gleich nach dem Krieg fanden die Gottesdienste zunächst im Gemeindehaus neben der einstigen Schule statt. Warum die Gemeinde es an die Kommune abtreten musste, weiß Johannes Thiele heute nicht mehr. „Wir haben jedenfalls in den 1950er Jahren im Kirchenschiff unter der Empore eine Winterkirche mit Glasfront eingebaut und dann dort unsere Gottesdienste gefeiert", erzählt der 72-Jährige. Auch Kirchenälteste Ida Winter kann sich noch gut an die Zeit erinnern, als sie als Katechetin in dieser Winterkirche bis zu 36 Konfirmanden unterrichtete, selbst noch nach jener Schicksalsnacht im März 1969.

Das 1974 eingeweihte Gemeindehaus: Kirchenälteste Ida Winter, ihr Mann Erhard, Johannes Thiel und Annelise Schulz (von links). Das Haus ist Treffpunkt für viele Begegnungen. Fotos: Michael Märker

„An den Pfeilern, auf denen die Holzkonstruktionen lagerten, hatte sich Wasser gesammelt. Das Holz faulte und dann geschah es," berichtet Erich Kärger. In einer Nacht stürzte das Dach unter der Last von Schneemassen ins Kirchenschiff. Der Einsturz war für alle Christen ein Schock. Der hohe Turm musste schon vorher zu einem Teil wegen Schäden abgetragen werden. Bis 1974 gab es dennoch Gottesdienste in dem halb eingefallenen Bau. Winters Kinder Andreas und Claudia sowie Erich Kärgers Sohn Olaf waren die Letzten, die in der Winterkirche getauft wurden. Doch dann wurde sie baupolizeilich gesperrt. An einen Wiederaufbau war nicht zu denken. Die Kirche hatte weder das nötige Geld noch das Material, um einen Bau dieser Größe wieder herzurichten. Schweren Herzens entschied sich die damals noch selbstständige Kirchengemeinde in Abstimmung mit dem damaligen Superintendent Reinhold Schmidt zur Aufgabe der Kirche und des Areals. Da man an der Spitze des Dorfangers, in unmittelbarer Nachbarschaft zur Kirche, das Denkmal für die Soldaten der Roten Armee hingesetzt hatte, war das Gotteshaus ohnehin den politisch Verantwortlichen ein Dorn im Auge.

Am 24. September sprengten Soldaten der NVA die Kirche. Viele Gemeindemitglieder klopften Steine, halfen bei den Aufräumarbeiten. In der Letschiner Straße wurde nach langen Verhandlungen ein neues Stück Land erworben und aus den Steinen

Historische Bastlerrarität: Edith Bache mit einem Modell der Kirche, das um 1880 von einem Onkel ihrer Mutter mit viel Verzierungen und kompletter Ausstattung gebaut wurde.

der alten Kirche ein Gemeindehaus gebaut – mit grauem DDR-Einheitsputz und schlichtem Kreuz am Giebel. Bischof Schönherr weihte es am 27. Oktober 1974. Sechs Jahre später wurde eine kleine Sauerorgel angeschafft. Die alte große Sauerorgel verkauften die Platkower an die Seelower Kirchengemeinde. Jetzt soll sie, wenn Seelow seine neue Orgel bekommt, in der Gusower Kirche ihren Platz finden. Die beiden überdimensionalen Bilder von Luther und Melanchthon – eine Zuwendung der Gusower Patronatsherrschaft – kamen dieser Tage zurück, schmücken das Gusower Gotteshaus. Leuchter und Kruzifix mit Christusfigur befinden sich ebenfalls in Gusow. 1999 wurden beide Kirchengemeinden vereinigt. Heute finden die Gottesdienste im Winter in Platkow und im Sommer in Gusow statt.

1995 gab es noch einmal diverse Renovierungsarbeiten in Platkow: Innen wurde gemalert, die Küche wurde vergrößert und eine moderne Gasheizung wurde eingebaut. Das Haus erhielt zudem neue Türen und einen hellen Anstrich. Es genüge voll den Anforderungen, sagt Pfarrer Thomas Krüger.

Der einstige Kirchbau ist dennoch bis heute nicht vergessen. „Man hätte wenigstens den Turm retten sollen, so wie in Letschin. Das wäre eine schöne Erinnerung gewesen", meint Anneliese Schulz, die bis heute zum aktiven Kern der Gemeinde gehört.

Doris Steinkraus

Süd-Ost-Ansicht der Podelziger Kirche vor dem Zweiten Weltkrieg. Foto: privat

Eigentlich steht das Haus mit dem großen Gemeindesaal in Podelzig falsch – es ist in Nord-Südrichtung gebaut. Eine Kirche ist jedoch immer nach Ost-West ausgerichtet. Trotzdem feiern die Podelziger in dem Gebäude seit fast 60 Jahren Gottesdienst. Paare haben sich hier die Treue in guten wie in schlechten Zeiten versprochen – so wie Ilse und Alfred Nowak. Am 6. Mai 1951 haben sie in dem Gemeindesaal geheiratet. „Damals waren noch keine Fenster drin", erinnert sich die Fleischersfrau. „Vom Haus meiner Schwiegereltern hatten wir nur ein kurzes Stück zu laufen." Bescheiden haben die Nowaks damals ihre Hochzeit gefeiert. Der Zweite Weltkrieg war zwar bereits seit sechs Jahren zu Ende, doch die Narben, die er hinterlassen hatte, waren tief und die Not war noch immer groß in jenem Frühling 1951. Fast ein Jahr zuvor war auf dem Pfarrhausgrundstück der Bau des Gemeindehauses mit dem großen Saal begonnen worden.
Nach dem Krieg hatte den wenigen Podelziger Christen, die bereits wieder ins Dorf zurückgekehrt waren, ein alter Wohnwagen der Goslarer Mission als Treffpunkt gedient, wie Johanna Thieme weiß. 1948 kam sie nach Podelzig, wo die lange Irrfahrt für die Flüchtlingsfamilie endete. „Den ersten Konfirmandenunterricht hatten wir noch in diesem Wagen, dann in der Schulbaracke", erinnert sich die heute 75-Jährige. Dieses Holzgebäude hatten Arbeiter aus dem Berliner Stadtteil Köpenick gebaut, die damals als sozialistische Paten den Podelzigern beim Wiederaufbau halfen. In dieser Schulbaracke wurde in der Woche unterrichtet, am Sonnabend zum Tanz geschwoft und am Sonntag im Gottesdienst gebetet. Die Einweihung des Gemeindehauses setzte diesem „Sodom und Gomarrha" dann ein Ende. Sie fand am 27. April 1952 statt – sowie wenige Wochen später die erste Konfirmation, wie eine alte Fotografie belegt.
Vor dem Pfarrhaus wurde im selben Jahr noch ein Glockenstuhl gesetzt – mit einer Glocke, die von einem Friedhof in der Nähe von Hamburg stammte. Sie rief über 50 Jahre in Podelzig zu feierlichen Anlässen. 2008, am 27. Januar, läutete sie zum letzten Mal – und leitete damit zum Glockenklang des neuen zweistimmigen Geläuts im Kirchturm über.
Turm und Umfassungsmauern, gesichert und saniert, bilden heute ein mahnendes Denkmal. Es ist das, was blieb, von dem einst stolzen Podelziger Gotteshaus. Dem sagen Geschichtsschreiber ein reiches Inventar nach – wie einen geschnitzten Kanzelaltar mit barockem Aufbau und einem Holzrelief sowie Wappen von 17 märkischen Adelsgeschlechtern. Turm und Mauern trotzten Sprengung und Beschuss in den letzten Kriegsmonaten 1945, dem gezielten Verfall und geplanten Abriss 1955, dem sich aber nicht nur die „widerspenstigen Steine" widersetzten.
Erst Mitte der 1990er Jahre begannen gezielt die Sicherungsarbeiten an der Ruine und auf dem Kirchengelände – mit staatlicher Finanzhilfe. Der Kirch-

Als Mahnmal präsentiert sich heute die Podelziger Kirche: Nach dem Entwurf des Architekten Achim Krekeler wurde die Kirchenrunine als Denkmal der Erinnerung und Hoffnung umgestaltet. Der Kirchturm-Stumpf erhielt eine Aussichtsplattform. Foto: Michael Märker

Seit 20 Jahren steht er auf der Kanzel: Pfarrer Gottfried Hemmerling im Gemeindesaal, der mit dem runden Bleiglasfenster fast schon an eine Kapelle erinnert. Foto: Johann Müller

turmstumpf erhielt zwei Zwischenetagen und ein Glasdach mit einer Plattform darüber. Zu der führt nun eine metallene Außentreppe hinauf. Von dort oben geht der Blick weit ins Bruch. Und auch die Glocken rufen wieder aus dem Kirchturm zum Gottesdienst. Doch nur zu besonderen Anlässen versammeln sich die Podelziger unter ihrem Klang in den Mauern ihrer Kirche unter dem offenem Himmel. Sonntägliche Gottesdienste, Hochzeiten, Taufen, Konfirmationen finden noch immer im Gemeindesaal statt. Vor drei Jahren wurde das Harmonium von einer elektrischen Orgel abgelöst. Auf ihr begleitet Pfarrer Gottfried Hemmerling die alten und neuen christlichen Lieder. Seit 20 Jahren predigt er im Gemeindesaal von der gedrungenen hölzernen Kanzel das Wort Gottes. Durch die vier hohen Fenster fällt am Tage hell das Licht in den schlichten Raum mit den zahlreichen Holzbänken. Über dem Altarpodest strahlt im runden Bleiglasfenster Jesus Christus mit einem Lamm im blauen Strahlenkranz. Von einer Notkirche will Pfarrer Hemmerling angesichts des Gemeindesaals und der angrenzenden Räume im Gemeindehaus nicht sprechen. Die Kirche bleibe den Podelzigern das, was sie ihnen war und heute wieder ist. Und irgendwann soll am Podelziger Kirchturm auch wieder wie früher das Lutherwort stehen: „Ein' feste Burg ist unser Gott."

Bärbel Kloppstech

Kirchenruine 1949: Die Steine wurden als Baumaterial für andere Gebäude abgetragen. Foto: Ortschronik Rathstock

Im Rathstocker Pfarrgarten: Ursula Krüger, Roswitha Borchert und Gemeindekirchenratsvorsitzender Eberhard Ulrich gehören zu den aktiven Bürgern, die sich um das Ensemble kümmern. Foto: Johann Müller

Es gibt nur noch wenige Relikte von der im Krieg zerstörten und in der DDR-Zeit größtenteils abgetragenen Rathstocker Kirche. Die Glocke von 1670 mit dem Burgsdorffschen Wappen hängt im Glockenschauer und ein Jesuskopf wird im Pfarrhaus aufbewahrt. Und ein Epithaph für ein Mitglied der Familie von Burgsdorff, das in die Südwand des Pfarrhauses eingelassen wurde.

Das Gemeindeleben der Rathstocker – der von der Flucht heimgekehrten und der von östlich der Oder geflohenen – spielte sich ab 1945 vor allem im Pfarrhaus ab. Das Ende des 19. Jahrhunderts erbaute Haus war vor dem Krieg aber gar nicht dafür vorgesehen. Neben der Pfarrerwohnung beherbergte es die Ortsverwaltung. Letzter dort amtierender Ortsvorsteher war Otto Scheller. „Zwei Drittel der Einwohner nach dem Krieg waren Flüchtlinge", gibt Gemeindekirchenratsvorsitzender Eberhard Ulrich zu bedenken, wenn die Rede auf das Abtragen der Kirchmauern nach 1949 kommt. Die meisten Häuer waren zerstört und es wurde Baumaterial benötigt. Die Einwohnerzahl des Dörfchens hatte sich deutlich erhöht. Um so unverständlicher allerdings war, dass man das noch gut erhaltene Schloss der Familie von Hartmann, das sich gleich hinter der Kirche befand, ebenfalls abgerissen hatte. Eberhard Ulrich schätzt, dass es dafür ideologische Gründe gegeben hatte. Sein Vater Herbert Ulrich war schon im Gemeindekirchenrat, danach sein Schwager Joachim Borchert und nun ist er selbst in dieser Funktion.

Die meisten Erinnerungen an das kirchliche Leben in der Nachkriegszeit hat Roswitha Borchert. Die Schwester des Ortvorstehers und Gemeindekirchenratsvorsitzenden ist Jahrgang 1935. Sie beschreibt die Not der Zeit mit einer Anekdote: „Ich kann mich noch gut an Pfarrer Dreßler erinnern. Ich wurde 1949 eingesegnet. Das Festessen stand auf dem Tisch, der Pfarrer war eingeladen. Es gab Putenbraten. Da mussten wir plötzlich alle in den Stall, weil unser arbeitswütiges Pferd, das Vater Hennecke nannte, krepiert war. Als wir zurück in die Stube kamen, hatte der Pastor die Pute fast aufgegessen." An größere Konflikte mit der örtlichen Staats- und Parteiführung kann sie sich nicht erinnern.

Unterstützt wurde die Rathstocker Kirchengemeinde auch von den Partnern in Bonn. Für die noch heute bestehende enge Beziehung der Rathstocker zur Bonner Friedenskirchengemeinde hatte Pfarrer Joachim Thaens (1968 – 1980 im Dienst) gesorgt. Ein farbenprächtiges sogenanntes „Hungertuch" – ein Geschenk der Bonner – schmückt den großen Gemeindesaal im Pfarrhaus. Und ein langer Altarschmuck mit einem Glaubensbekenntnis. Den hatte einst Pfarrer Dr. Horst Krüger (1981 – 1993 im Dienst) für seine Konfirmanden angefertigt. Auf Tapete zunächst. Später wurden die Zeichen auf eine Stoffbahn gestickt und zieren nun den Kirchsaal. Es gibt viele Rathstocker, die sich um die kirchlichen Ablage kümmern. Eberhard Ulrich will keinen besonders hervorheben. „Jeder hat mal Dienst, läutet die Glocke oder kümmert sich um die Herrichtung der Gemeindesaales", sagt er. Ausdrücklich nennt er Hermann Tietz, einen ehemaligen Rathstocker, der in Schleswig-Holstein wohnt und die Kirchengemeinde bei Vorhaben wie den Erinnerungstafeln für die Kriegstoten unterstützt hat. Eine gute Zusammenarbeit gebe es auch mit der Gemeinde. So konnte das Pfarrhaus 2002 im Rahmen der Dorferneuerung auch umfassend saniert werden.

Ulf Grieger

Schon von weitem grüßt die lange, schlanke Spitze des roten Backsteinbaus und macht die Besucher neugierig. An der Spitze des Reitweiner Sporns stehend ist sie ein Beispiel für die schlichte Bauweise der Neogotik. Der am 28. Januar 1800 geborene Friedrich August Stüler hat das Gotteshaus entworfen. Er gehört zu der Schülergeneration Schinkels, die unter dem Eindruck des großen preußischen Baumeisters heranwuchs. Der größte Reiz von Stülers Kirchen liege in der anmutigen Gruppierung in der Landschaft oder im Stadtbild, heißt es unter Fachleuten über ihn.

Die Reitweiner Kirche ist da keine Ausnahme. Am 28. Mai 1855 erfolgte auf Initiative Graf Rudolf Finck von Finkensteins die Grundsteinlegung für das neue Reitweiner Gotteshaus. Er wollte mit diesem Bau, heißt es in den Reitweinischen Merkwürdigkeiten von Paul Schröder aus dem Jahr 1902, „seiner ersten Gemahlin Erdmuthe, geborene von Burgsdorff, von der er bei ihrem frühen Tode 1849 das Gut Reitwein ererbt, ein bleibendes Gedächtnis in der Gemeinde stiften." Deshalb ließ er den „Geheimen Ober-Baurat Stüler, dem Berlin außer verschiedenen Kirchen das Neue Museum sowie die Schloßkuppel, Potsdam die Friedens- und Nikolaikirche verdankt, den Plan zu einem neuen Gotteshaus entwerfen", wie es in dem Bericht des Pfarrers heißt. Als der Bau am 25. August 1858 feierlich eingeweiht wurde, stand er auf der Hügelspitze so wie ihn Stüler entworfen hatte.

1945, in den letzten Kriegswochen wurde das Gotteshaus aus den roten Ziegeln stark beschädigt. Steht man heute in der Ruine des Kirchenschiffs sieht man rechts am Turm noch einen Granateinschuss. In den folgenden Jahrzehnten eroberte die Natur das Gotteshaus für sich. Doch der Gemeindekirchenrat konnte es vor einer Sprengung bewahren, wie Karl-Friedrich Tietz, langjähriger Bürgermeister, berichtet. 1983 sei der Bau unter Denkmalschutz gestellt worden. Doch erst 1990 begannen die ersten Sicherungs- und Sanierungsarbeiten.

Gottesdienst feierten die Reitweiner in all den Jahren nach dem zweiten Weltkrieg im Gemeindesaal des am Fuße des Kirchbergs stehenden Pfarrhauses, das seit 1966 und nach Ausbau des Dachgeschosses als Rüstzeitenheim genutzt wird. Bis zu diesem Zeitpunkt hatte Reitwein immer einen eigenen Pastor. Seit 1966 kommt der Podelziger zum Gottesdienst, wird Reitwein vom dortigen Pfarramt mitverwaltet. Die Stelle des Reitweiner Geistlichen gilt allerdings noch immer als vakant – zumindest auf dem Papier des Pfarralmanachs, wie Gottfried Hemmerling schmunzelnd berichtet. Als Vorsitzender der Gemeindekirchenräte von Podelzig und Reitwein dient der Gottesmann gewissermaßen „zwei Herren". Nur musikalisch sind sich Podelzig und Reitwein bisher näher gekommen – in einem gemeinsamen Posaunenchor.

Ein Ersatz für die zerstörte Kirche war der Gemeindesaal im einstigen Pfarrhaus nie. Nicht nur für

Kirchenruine mit Turm: 1998 begann der Wiederaufbau. Der schlanke, 46 Meter hohe Turm gibt dem alten Stüler-Bau wieder ein Gesicht. Das Kirchenschiff wurde als Ruine gesichert. Fotos: Johann Müller

Pfarrhaus am Kirchberg: Seit 1966 ist es Rüstzeitenheim. Gottesdienst feiern die Reitweiner hier sei dem Kriegsende.

Karl-Friedrich Tietz, der in diesem Raum getauft, konfirmiert und getraut wurde. Vielleicht hat er sich deshalb auch ganz besonders dafür eingesetzt, dass der Turm wieder in alter Schönheit errichtet wurde. Wäre es nach der Denkmalbehörde gegangen, hätte der Stüler-Bau heute lediglich einen Turmstumpf in genau 23 Meter Höhe. Der Bürgermeister spricht deshalb mit Hochachtung von dem Frankfurter Architekten Hans Tulke. Er habe nur eine Zeichnung mit der historischen Gestalt als Vorlage zur Verfügung gehabt, wo die Maße noch in Fuß angegeben waren. Doch er habe das Puzzle zusammengesetzt. Sogar sprichwörtlich Stein für Stein. Denn auch Mauerbrocken, die Formsteine in den Schuttbergen gaben Aufschluss darüber, wie der Turm ausgesehen hat. Hans Tulke baute ein maßstabsgerechtes Modell mit der Turmspitze. Und so fügte sich ein Mosaikstein zum anderen – bis dann 1998 der Wiederaufbau begann. Am 3. September 1999 wurde die neue Kirchturmspitze aufgesetzt: Mit originalgetreuer vergoldeter Krönung und Uhr, die eine Besonderheit auf ihrem Zifferblatt hat. Die vierte Stunde wird nicht mit der römischen „IV", sondern mit vier römischen „I" angezeigt. Der hochaufragende Kirchturm gibt dem Stüler-Bau wieder ein Gesicht, das Reitwein gut steht.

Bärbel Kloppstech

Der Turm von einst verfügte über einen prächtigen Helm.

Bild aus früheren Zeiten: Zur einst prunkvollen Ausstattung gehörten ein barockes Orgelprospekt und die dreiseitige Empore.

Im Zusammenhang mit der Sachsendorfer Kirche ist so einiges anders als bei den Kirchen in umliegenden Orten. Zwar ist auch ihr Turm im April 1945 von Wehrmachtsoldaten gesprengt worden. Die Trümmer fielen ins Kirchenschiff. Die prächtige Ausstattung des Kirchenraumes, darunter ein barockes Orgelprospekt und eine dreiseitige Westempore, verbrannten. Doch die Kirche blieb in ihrer Grundstruktur erhalten. Und nicht nur das: In Sachsendorf ist das ortsbildprägende Ensemble aus Kirche, Pfarrhaus und ehemaligem Gutshaus erhalten geblieben.

Zu verdanken ist das nicht zuletzt den Sachsendorfern selbst. Während andernorts die Menschen aus den Kirchenruinen Baumaterial für ihre Häuser holten, bauten die Sachsendorfer ihre Kirche aus eigener Kraft auf. Dafür habe es aber „keine großen Aktionen" gegeben, erinnert sich Erich Buss.
Er war im Herbst 1948 als Umsiedler ins Dorf gekommen. Die Sachsendorfer seien ab 1950 dem Aufruf ihres Pfarrers Karl Liesert zum Wiederaufbau der Kirche gefolgt. „Nach Feierabend sind die Leute mit ihren Fuhrwerken vom Feld an die Kirche gekommen, haben Steine geklopft und wieder ver-

Das Sachsendorfer Pfarrhaus: Hier fanden von 1945 bis zur Wiedereinweihung der Kirche 1954 die Gottesdienste statt. Foto: Johann Müller

Kirchenälteste Toni Gehlsen mit dem Abendmahlskelch. Foto: Johann Müller

baut." Auch Ziegel von der zerstörten Zuckerfabrik seien zum Wiederaufbau der Kirche verwendet worden, weiß Erich Buss.

Für den Wiederaufbau des Kirchendaches und der Decke haben die Sachsendorfer das Holz von ihren Bodenreform-Waldparzellen gespendet. Im Sägewerk in der ehemaligen Gutsschäferei sind die Stämme verarbeitet worden, ergänzt Magda Voigt. Die 81-Jährige ist begeisterte Hobbyhistorikerin. Sie hütet viele Dokumente zur Geschichte des Dorfes und der Kirche. Magda Voigt kennt auch die Geschichte um die letzte der ursprünglich drei Kirchenglocken. Die war in den Trümmern der Kirche gefunden und nach Kienitz gebracht worden. „Ende November 1954 hat Pfarrer Liesert meinen Mann Walter gebeten, mit seinem Traktor und Hänger die Glocke aus Kienitz abzuholen", erzählt die Sachsendorferin.

Am 1. Advent 1954 ist die Kirche wieder eingeweiht worden. Die Zeit der provisorischen Gottesdienste im Pfarrhaus war vorbei. Das Gebäude sah nach dem Wiederaufbau allerdings anders aus: Der einst sehr hohe und mächtige, rechteckige Wehrturm war nur etwa zur Hälfte wieder aufgebaut, der baulich anspruchsvolle, mehrgliedrige barocke Helm durch ein einfaches Pyramidendach ersetzt worden. Statt der barocken Pracht von einst gibt es heute eine sehr schlichte Ausstattung im Kirchenraum.

Doch die Grundmauern des Kirchenschiffes blieben erhalten. So sind wichtige bauliche Besonderheiten des Sachsendorfer Gotteshauses, wie die dreireihigen Blendarkaden am Ostgiebel oder das rundbogige Westportal in der Spitzbogenblende bis heute zu sehen.

Sie weisen auf die fürs Oderbruch ungewöhnliche Entstehungsgeschichte der Kirche hin: Sie ist von 1514 bis 1519 anstelle zerstörter Vorgängerbauten errichtet worden. Und damit zu einer Zeit, als im Lebuser Land nicht viele Kirchen entstanden. Andere Besonderheiten der Sachsendorfer Kirche, wie das gotische Sakramentshäuschen, vier Apostelbilder und das 1906 an einer Holzsäule der Empore entdeckte „magische Quadrat", dessen Zahlen bei Addition in alle Richtungen die Zahl 15 ergaben, sind unwiederbringlich verloren.

Ein besonderes Teil aus dem einst prächtigen Altargerät der Kirche blieb indes erhalten – der Abend-

Am Ostgiebel der Sachsendorfer Kirche erinnern dreireihige Blendarkaden an den gotischen Baustil des im 16. Jahrhundert errichteten Gotteshauses. Fotos: Johann Müller

Pfarrer Martin Müller vor der Turmtreppe.

Engagierte Sachsendorfer Christen: Kirchenälteste Toni Gehlsen, Elisabeth Buss, Maria Liebelt, Magda Voigt und Erich Buss (von links).

mahlskelch. Der aus dem 17. Jahrhundert stammende silbervergoldete Kelch ist einer der ältesten im Kirchenkreis. Der damalige Pfarrer Georg Dürr und seine Frau Elfriede hatten den Kelch vor der Evakuierung des Dorfes am 5. Februar 1945 im Garten vergraben und nach der Rückkehr wieder geborgen. Erhalten blieb zudem die originale Taufschale.

Dass die Kirche noch heute überraschen kann, zeigt ein Erlebnis aus dem vorigen Jahr. Da wollte Pfarrer i.R. Christian Gehlsen, der mit seiner Frau Toni im Pfarrhaus lebt, lose Mauerreste aus einem zugemauerten Rundbogen entfernen – und stieß auf eine Treppe. Bei der könnte es sich um den einst separaten Zugang zum Turm handeln.

Im Turm hängen heute wieder drei Glocken. Seit einigen Jahren können sie durch eine elektrische Anlage geläutet werden. Nach der Wende sind das Dach, die Decke und Wände der Kirche erneuert bzw. renoviert worden.

Alle zwei Wochen treffen sich die zur Hoffnungskirchengemeinde Oderbruch-Süd gehörenden noch etwa zehn Sachsendorfer Christen in ihrer Kirche zum Gottesdienst. „Ich bin dankbar, dass mich Christian Gehlsen dabei unterstützt, die Gottesdienste durchzuführen“, sagt der für Sachsendorf zuständige Mallnower Pfarrer Martin Müller.

Eine kleine Fotoausstellung erinnert im einstigen Dienstzimmer des Pfarrers im Pfarrhaus an die Geschichte des Gotteshauses.

Ines Rath

Eine turmlose Ruine. Auch ohne Dach wirkt die Schönfließer Kirche, deren Mauerkrone saniert wurde, in ihrer klaren Backsteinarchitektur würdevoll. Fotos: Johann Müller

Der Gemeinderaum in der Kirchenruine: Heinz Golze setzte sich als Bürgermeister und Gemeindekirchenratsmitglied dafür ein, dass das kirchliche Umfeld wieder ein Gesicht bekam.

Majestätisch erheben sich die roten Mauern, die auf einem Feldsteinsockel ruhen, auf dem kleinen Friedhof mit den schneebedeckten Familiengräbern. Auch ohne Turm und ohne Dach wirkt das Gotteshaus wie ein ruhendes Denkmal im winterlichen Dorf. Es sind Mauern, die Geschichte atmen. Die von Taufen, Einsegnungen, Trauungen und Beisetzungen seit 122 Jahren erzählen – und auch von Kriegen. Wie die Kreuze von den Soldatengräbern neben der Kirchenruine oder die kleine Ersatzglocke im eisernen Schauer mit einem schützenden Dach darüber. Glocken und Dach hat die Kirche nicht mehr.

Ende Februar 1945 wurde ihr Westturm von den deutschen Truppen gesprengt. Dabei wurde auch das Schiff selbst beschädigt. Die harten Kämpfe und der schwere Beschuss zwischen dem 17. und 19. April 1945 taten ein Übriges. Der einstige Stolz der Schönfließer Bauern stand in Schutt und Asche. Der einschiffige neoromanische Backsteinbau aus dem Jahr 1878 mit der eingezogenen Fünf-Achtel-Apsis und querschiffartigen Seitenbauten war nur noch eine Ruine.

Doch die Christen im Dorf wollten wieder einen Platz für ihre Gebete. Und so wurde auf der linken Seite ein Raum gebaut – eine Notkirche für die Schönfließer. Am 13. Mai 1956 läutete die neue, kleine Glocke im eisernen Glockenstuhl zum ersten Mal, und am 30. September 1956 rief sie zum ersten Gottesdienst in der Notkirche. So ist es im Protokollbuch des Gemeindekirchenrates festgehalten. Hildegard Rudolph, viele Jahre Kirchenälteste, hat

Offen zum Himmel: Der Altarbereich mit der nach oben offenen Kirchenhülle kann nur noch im Sommer genutzt werden. Foto: Johann Müller

das kleine Archiv über diese Jahre bis in die Gegenwart zusammengetragen. Der Gemeinderaum zeigt sich heute mit schlichtem Holzkreuz an der Wand, mit Holzaltar und Pultkanzel. Auf dem Steinfußboden stehen gepolsterte schwarze Stühle in Reih und Glied. Es gibt einen nördlichen Ausgang zum Friedhof und einen Eingang im Schiff. Als der Innenraum von Schutt und Erde geräumt wurde, konnte man auch hier wieder atmen. „Heute findet nur noch einmal im Jahr, im September, Gottesdienst in unserem Gemeinderaum statt. Danach trinken wir alle gemeinsam Kaffee in den Mauern unserer Kirche", erzählt Heinz Golze. „In diesem Raum bin ich mit meiner Frau getraut worden – am 22. Oktober 1966. Ein schöner Tag. Wir sind vom Haus der Schwiegereltern bis hierher zur Kirche gelaufen", erinnert sich der „eingeheiratete Schönfließer". Eingesegnet sei er als Flüchtlingskind in der kleinen Holzkapelle in Hohenjesar. Das Mitglied des Gemeindekirchenrates engagiert sich heute als Rentner für den Erhalt der Kirche, streicht die Holztür zum Eingang in die Ruine oder hat mitgeholfen, die einsturzgefährdete Friedhofsmauer mit einem Schutzzaun zu umgeben. „Wenn die Ortsdurchfahrt gebaut ist, wird auch die Mauer befestigt", noch in diesem Jahr hofft der Schönfließer.

Von 1990 bis 1993 war Heinz Golze Bürgermeister in Schönfließ. Kraft seines Amtes hat er sich da auch um die Kirche gekümmert. Mit Hilfe und Unterstützung des Christlichen Jugenddorfes Seelow wurde der Kirchenraum beräumt, der Schutt außerhalb der Mauern abgefahren. „150 Kipperladungen", wie Heinz Golze sagt. Um die Ruine vor weiterem Verfall zu schützen, sei die Krone des zerstörten Mauerwerks fast einen dreiviertel Meter abgetragen und wieder neu aufgemauert worden, berichtet Pfarrer Martin Müller. Das war während der Instandhaltungsarbeiten 2002 und 2003. Auch die Einschüsse an der Fassade wurden durch neue Steine ersetzt, die gesamte Außenhaut neu verfugt. An den Fensterhöhlen und Faschen wurden die Schäden ausgebessert, im gesamten Innenraum die Wände verputzt. Über 100 000 Euro hat die Kirchengemeinde in den Erhalt der Kirchenruine gesteckt, unterstützt durch Fördermittel aus dem Landesprogramm Dach und Fach. Auch der in der Nachkriegszeit entstandene Notkirchenbau wurde als Gemeinderaum instand gesetzt. Er wirbt nun mit schlichter Schönheit für sich, eingebettet in die Stille der majestätischen Ruine.

Bärbel Kloppstech

Das Seelower Gotteshaus vor seiner Zerstörung: Eine doppelte Empore verlieh dem Kirchenraum Würde und Gewicht.

Bild der Zerstörung: Nach der Sprengung des Kirchturms 1945 stürzten Mauer- und Holzstücke in das Schiff.

Die Seelower Kirche hat mit der Zerstörung viel von ihrem alten Glanz verloren, doch sie hat auch in ihrer heutigen Schlichtheit an Ausstrahlung gewonnen. Nicht nur die Angehörigen der Kirchengemeinde sind stolz auf ihr wieder ansehnliches Gotteshaus. Es zieht heute auch Menschen an, die keine bekennenden Christen sind – und das nicht nur an den hohen kirchlichen Festtagen, sondern auch zu Konzerten, zur Nacht der offenen Kirche, zur Kultursommernacht, zum Stadtfest oder an ganz gewöhnlichen Markttagen. Die Seelower Kirche ist wieder ein strahlender Mittelpunkt der Stadt und ihr neuer Kirchturm ist seit 1998 wieder von weitem zu sehen. „Wir haben heute ein Gemeindehaus in der Kirche", sagt Superintendent Roland Kühne. Der lange Weg des Wiederaufbaus von der totalen Zerstörung bis zum Wiederaufbau brachte insofern auch etwas Positives.

Am 11. April 1945 wurde die Seelower Kirche von deutschen Soldaten gesprengt. Wenige Tage später zerstörte ein Brand das Gebäude bis auf die Grundmauern. Die zurückkehrenden Seelower fanden sich in den ersten Wochen und Monaten des Friedens zum Gebet in Gaststätten zusammen – eine Notlösung wie in vielen verwüsteten Dörfern des Oderbruchs. Doch der Wiederaufbau des Westteils der ursprünglichen Kirche begann 1952, wie Dorothea Dressel, über 40 Jahre Pfarrerin in Seelow und heute im Ruhestand, aus Erzählungen von Gemeindemitgliedern weiß. Eine Zwischendecke wurde eingezogen, sodass im Obergeschoss in vereinfachter Form ein Gemeindesaal und im Erdgeschoss zwei

Wiederaufbau: Der neue Turm ist 1997 noch ohne Spitze.

Überdachter Turmstumpf 1996.

schlichte Gemeinderäume entstanden. Unter der Treppe führte eine Tür zu den Toiletten.
Den Wiederaufbau leitete in jenen Jahren der erste Seelower Superintendent nach dem Zweiten Weltkrieg, Siegfried Ringhandt. Er sei es auch gewesen, der sich immer gegen das Errichten eines Seelower Kirchturmes ausgesprochen habe, solange die Kirchenruinen in den Dörfern die Christen mahnten, erinnert sich Dorothea Dressel. Diese Ansicht habe es in der Gemeinde noch Jahrzehnte später gegeben. Erst mit der Gründung des Fördervereins zum Wiederaufbau der Kirche im Jahr 1994 wuchs allmählich der Wunsch, wieder einen Kirchturm zu bauen. Als sie selbst 1962 nach Seelow kam, habe die Kirche noch wie „eine Scheune" auf sie gewirkt, sagt die Pfarrerin im Ruhestand. Im Winter seien die Räume nur schwer beheizbar gewesen.
Als dunkel und düster habe er bei seiner Rückkehr aus dem Spreewald nach Seelow die Kirche empfunden, sagt auch Superintendent Roland Kühne. Umso mehr freue er sich über ihre heutige helle und einladende Farbgebung. Und ein bisschen ist er ja auch so etwas wie der Bauherr. Denn er war es, der Kontakt zu Werner Otto, dem gebürtigen Seelo-

Eingang in den Turm, der 1998 eingeweiht wurde. Fotos: Johann Müller

Blick von der Empore in die heutige Kirche: Superintendent Roland Kühne und Pfarrerin i.R. Dorothea Dressel, die bis 1995 die Seelower Gemeinde seelsorgerisch betreute.

wer und bekannten Versandhauschef aufnahm. Nach seinem ersten Schreiben an das Unternehmen erhielt er ein Nein. Der zweite Brief ging an die private Adresse und hatte Erfolg. Als „Symbol der Hoffnung“ sollte der Turm, so der Wunsch von Werner Otto, wieder aufgebaut werden. Nach achtmonatiger Bauzeit wurde der neue Kirchturm am 19. April 1998 eingeweiht, sechs Meter höher als der alte. Bereits zum Osterfest erklang Glockengeläut in Seelow – das erste nach 53 Jahren. Danach begann auch die Neugestaltung der Innenräume im Westteil. Fassade, Kirche und Turm erhielten einen einheitlichen weißen Anstrich, der Sakralraum wurde 2002 vollständig renoviert. Er erhielt u.a. wieder eine umlaufende Empore – wenn auch keine doppelte wie der Vorgängerbau. Wieder war es Werner Otto, der maßgeblich unterstützte. Eine Tafel am Kirchturm erinnert daran – aus Dankbarkeit für den 1909 in Seelow Geborenen und in dieser Kirche Getauften. Zudem wurde er zum Ehrenbürger von Seelow ernannt.

Bärbel Kloppstech

Foto: Michael Märker

Die Kirche in Sietzing von Westen im Jahre 1981. Foto: Reinhard Schmook.

Die evangelische Kirchengemeinde Sietzing hielt sich urspünglich zur Pfarre in Neulewin, wurde jedoch 1775 vom Pfarrer in Friedland betreut. Damals gab es im Ort lediglich eine „Stube zum Gottesdienst“, in welcher der Friedländer Pfarrer „von Zeit zu Zeit gottesdienstliche Handlungen verrichtete“. 1803 erbauten sich die Sietzinger Kolonisten anstelle der genannten „Stube“ das noch heute stehende Fachwerk-Bethaus. An den hohen Festtagen jedoch besuchten die Sietzinger die Gottesdienste in Friedland. Später kam Sietzing zur Pfarre Neutrebbin, bis es durch Ministerialerlass vom 1. November 1866 zu einer selbstständigen Pfarrgemeinde erhoben wurde. Schon 1873 wurde man der sieben Jahre früher begründeten Parochie Wuschewier zugewiesen. Nach Auflösung der Pfarrstelle im Jahre 1921 kam Sietzing dann zu Alttrebbin. Heute gehört die Gemeinde zum Pfarrbereich Neutrebbin.
Der einfache Fachwerk-Betsaal erhielt 1883 einen Fachwerkturm, dessen Gefache mit Ziegeln ausgemauert und an den beiden oberen Teilen verbrettert sind. Die beiden Glocken tragen keinerlei Inschrift.
Das Innere wird von einem schmucklosen Kanzelaltar bestimmt. Hinter dem Altar befindet sich – durch eine Glaswand abgetrennt – die sogenannte Winterkirche. Rechts vom Altar steht die hölzerne Taufe. Sie ist achtseitig und marmoriert. Als Taufschale dient ein Oblatenteller.
An der Orgelempore hängt eine Gedenktafel für den Staatsminister Heinrich Graf von Itzenplitz (1799 – 1883), dem Begründer und Patron der Pfarre Sietzing. Auf anderen Tafeln stehen die Namen der in den Kriegen von 1870/71 und 1914 – 18 gefallenen Sietzinger.
Große Kriegsschäden hatte die Sietzinger Kirche nicht. In den 1950er Jahren wurde das Dach umgedeckt, 1988 dann gänzlich erneuert. Auch der Turm wurde in den 1980er Jahren durch die Kirchenhandwerker aus Bad Freienwalde saniert, ebenso die äußere Hülle. Bei diesen Bauarbeiten entfernte man leider das Fachwerk des Turmunterbaus und ersetzte es durch einen massiv gemauerten Unterbau. Schon in den 1950er Jahren musste in den Turm eine Leichenhalle eingebaut werden, weil der Sarg bei Beerdigungen nicht mehr in der Kirche oder zu Hause stehen sollte. In den 1990er Jahren ist die Kirche außen und innen farblich neu gestaltet worden, so dass sie, mitten in dem kreuzförmig angelegten Dorf stehend, einen freundlichen und einladenden Eindruck macht.

Reinhard Schmook

Backsteinfachwerk: Diese Kirche stand einst im Dorf. Gebaut wurde sie zwischen 1829 und 1834. Foto: Mengel, Das Oderbruch II

Wenn die Sophienthaler unter sich sind, dann nennen sie sich mitunter auch mal märkische Gallier. Das liegt zum einen daran, dass sie gerne rauschende Feste feiern. In Sophienthal geht das auch ungewöhnlich und spontan. Wie einmal, die Zeit der dicken Jacken war schon angebrochen, als kurzerhand ein großer gusseiserner Kessel auf die Straße geschafft wurde, um darin Eisbeine zu köcheln. Es wurde ein lustiges Fest mit deftigem Essen, vielen Geschichten, Bier und Wein. Die Dorfbewohner erzählen noch heute davon.
Märkische Gallier – angelehnt an die berühmten Abenteuer französischen Comicfigur Asterix – nennen sich die Sophienthaler aber wohl auch deshalb nicht zu Unrecht, weil sie sich bei wichtigen Vorhaben einig sind und eine eingeschworene Gemeinschaft bilden. So sind sie auch zu einer neuen Kirche gekommen. Das war im Jahr 2006. Seitdem steht der prächtige Bau in der Dorfmitte. Es ist einer der wenigen Kirchenneubauten, der nach dem Zweiten Weltkrieg im Oderbruch entstand.
Das alte Gotteshaus war so marode, erzählt Ulrich Senf aus dem Dorf, dass es nicht mehr zu retten war. Ulrich Senf ist im Gemeindekirchenrat und sollte – wie so viele im Ort – beim Bau der neuen Kirche eine wichtige Rolle spielen. Denn aufgebaut werden konnte sie nur, weil das ganze Dorf eingespannt war und jeder half.

Demnächst bekommt das Apsisfenster eine Bleiverzierung. Es ist der letzte Feinschliff an der Kirche. Foto: Michael Märker

Genaugenommen war die Vorgänger-Kirche eine flache Baracke ohne Charme und festliche Hülle. Die Bewohner nannten ihr Gotteshaus deshalb auch Kirchenbungalow. Auf dem Dach war ein schlichtes Kreuz befestigt, das einzige sichtbare Zeichen, dass im Inneren so etwas feierliches wie Gottesdienste, Trauungen oder Taufen stattfanden. Die Kirche im Bungalowstil wurde 1964 auf Initiative der evangelischen Gemeindemitglieder errichtet. Zwar blieb der stattliche Fachwerkbau, der vorher stand, im Krieg so gut wie unbeschädigt. Aber die Sanierung konnte sich damals niemand leisten, das Oderhochwasser gab dem Gebäude 1947 den Rest. Die Dorfbewohner nutzten das, was noch übrig war, um Kriegsschäden an eigenen Häusern zu beseitigen. 40 Jahre lang sollte sich das kirchliche Leben in dem Ersatzbau abspielen.

Bereits in den 1990er Jahren wurde der Wunsch nach einer richtigen Kirche bei den Christen größer. Die Frage war nur, wie soll sie aussehen? Erste Ideen wurden entwickelt und wieder verworfen. Darunter war auch der Vorschlag einer Finnhütten-Konstruktion. Weil der Bau nicht finanzierbar war, blieb es bei einem Entwurf. 2001 wurde stattdessen im Gemeindekirchenrat einstimmig beschlossen, dass die neue Kirche wieder so wie das historische Vorbild im Fachwerkstil entstehen soll. Nur deutlich kleiner als der rechteckige, turmlose Saal in Backsteinfachwerk, der zwischen 1829 und 1834 gebaut worden war.

Dieter Sawall, Zimmermannmeister und Ingenieur aus der Nachbargemeinde Altbarnim, hatte bereits Erfahrungen mit Kirchenbauten. Ihn baten die Sophienthaler um Hilfe. „Drei Tage nach einer schweren Operation“, erzählt Ulrich Senf, „hat er noch am Krankenbett erste Entwürfe gezeichnet.“ Die Planungen schritten voran. Ausschüsse wurden gebildet, um die Arbeit auf mehrere Schultern zu verteilen. Die damalige Amtsverwaltung sagte ihre Unterstützung zu. Bauunterlagen wurden vorbereitet. Nur mit dem Einspruch, der vom Umweltamt kam, hatte niemand im Dorf gerechnet. Wegen des Storches, der seit jeher gegenüber der Kirche auf einem Strommast brütet, sollte nicht gebaut werden. Der Baulärm verscheuche den Vogel endgültig, so die Begründung. Dabei war der Storch doch die Dorffeste nebenan auf der Wiese schon immer gewöhnt. Die Sophienthaler konnten den Einwand schließlich aus der Welt räumen. Es konnte gebaut werden.

Im September 2004 fand der letzte Gottesdienst im Kirchenbungalow statt. Zwei Wochen später begann der Abriss. Der Pfarrer, die Frauen im Dorf sowie Bürger der Nachbargemeinden halfen mit, ob Christ oder Nichtchrist, jung oder alt. Im Juni 2005 begannen die Sophienthaler das Fundament

Sophienthaler Kirche und ihre Erbauer: Ulrich Senf und Siegfried Macholtz sind zwei von vielen, die beim Aufbau des Gotteshauses mithalfen. 2005, als es gebaut wurde, unterstützte fast jeder im Dorf sowie darüber hinaus. Die Kirche ist ein Gemeinschaftswerk.

zu graben. Elf Monate und zahllose unentgeltliche Arbeitsstunden später, die die Helfer geleistet hatten, sollte die Weihe der neuen Kirche stattfinden. In gerademal zwei Tagen schraubten und befestigten die Sophienthaler und ihre Helfer kurz zuvor das Fachwerkgerüst. Am 20. August 2005, es war ein sonniger Tag und die Vögel zwitscherten im Geäst, spielte am Abend der Posaunenchor auf. Es wurde Richtfest gefeiert. Jeder im Dorf und Gäste aus nah und fern nahmen teil daran.

Das Sophienthaler Gotteshaus, so wie es heute steht, ist ein Holzbauwerk mit einer vorgesetzten Fachwerkwand, mit Klinkern und mit einem Dach in Biberschwanzdeckung. Innen sorgen Kronleuchter und ein großes Apsisfenster für Licht. Einmal im Monat findet Gottesdienst statt. Das Geld für den letzten Feinschliff an der Kirche ist mittlerweile auch zusammen. Demnächst bekommt das runde Fenster neues, mit Bleimuster verziertes Glas.

Dass die Sophienthaler stolz sind auf ihre Kirche, ist sicher. Schließlich weiß jeder im Dorf, welche Mühe darin steckt. Besucher, die kommen, staunen nur über den Mut, Fleiß und das gelungene Gemeinschaftswerk. Wenn die Sophienthaler dann wieder unter sich, freuen sie sich über so viel Lob. Sie wissen eben, dass in jedem von ihnen ein märkischer Gallier steckt.

Mandy Timm

Rückseite des Bethauses von Wilhelmsaue um 1925. Foto: Oderlandmuseum Bad Freienwalde

In den 1920er Jahren umfasste der Kirchenverband Wilhelmsaue die Gemeinden Wilhelmsaue, Posedin, Solicante sowie Amt Solicante und gehörte zur Parochie Letschin. Die Gemeinde Wilhelmsaue gibt es seit 1795, sie hatte damals aber noch keine eigene Kirche. Da der Besuch des Gottesdienstes für die Gemeinden Wilhelmsaue (in Letschin), Posedin und Solicante (Groß Neuendorf) angesichts der problematischen Wegeverhältnisse sehr beschwerlich war, erklärten diese drei Gemeinden, sich im Mittelpunkt der drei Kolonien aus gemeinsamen Mitteln ein Bethaus erbauen zu wollen. Nach königlicher Erlaubnis wurde am 24. Juni 1819 der Beschluss gefasst, mit dem Kirchenbau zu beginnen. Am 10. Dezember 1820 fand im Rahmen eines Festgottesdienstes durch Superintendent Dibelius die feierliche Innutzungsnahme statt. Der Letschiner Pfarrer Eccius (bei Fontane Eccelius) hielt die Festpredigt.

Wegen verschiedener Baumängel war das Gotteshaus alsbald baufällig und musste umgebaut werden. Am 18. April 1830 nahm sie dann Pfarrer Eccius endgültig in Nutzung. Es war ein schlichter turmloser Fachwerk-Ständerbau mit Walmdach und ohne Glocken entstanden, der sich auch im Innern mit einer sehr schlichten Gestaltung präsentierte.
1843 schaffte sich die Kirchengemeinde eine 1751 in Göritz von Daniel Friedrich und Christian Gottlieb Nitzscher erbaute Orgel an, die lange Zeit in der Podelziger Kirche erklang. Nachdem dieses Instrument gänzlich unbrauchbar geworden war, lieferte die Firma Sauer in Frankfurt (Oder) im Dezember 1922 eine neue Orgel, die es auch nicht mehr gibt.
1992 schlossen die Kirchengemeinde und die Gemeinde Letschin einen Vertrag, der die Überlassung des Bethauses zur Nutzung an die Gemeinde regelt. Dadurch wurde die Gemeinde in die Pflicht genommen, für die Unterhaltung und Sanierung zu sorgen, ohne dass die Eigentumsrechte verändert werden mussten.
Lange war das Dach undicht, so dass das Fachwerk, die Deckenbalken und die Sparren an mehreren Stellen vom Schwamm zerfressen waren. Den übrigen Teil des Zerstörungswerkes erledigten Holzschädlinge wie Hausbock und Nagekäfer. In den Folgejahren gelang es, mit Hilfe öffentlicher Förderung den Verfall zu stoppen und das Gebäude durchgreifend zu sanieren. Im Juni 1995 waren die Erneuerungsarbeiten so weit vorangeschritten, dass die Außenhülle wieder im alten Glanz erstrahlte. Dabei hat sich der Förderverein verdient gemacht, der sich auch weiter um die Wiederherrichtung der denkmalgeschützten Kirche kümmerte. Alljährlich zu den Kunst-Loose-Tagen ist das alte Bethaus in Wilhelmsaue ein Haus der Kunst, das von vielen Interessierten aus nah und fern besucht wird.

Reinhard Schmook

Die Sankt Marienkirche war einst ein stolzer Bau mitten in Wriezen. Sie überragte alle Gebäude der Oderbruchstadt. Mit einem über 70 Meter hohen Turm war das auch keine große Leistung. Aber auch diese Kirche hat einmal klein angefangen.

Wahrscheinlich in der ersten Hälfte des 13. Jahrhundert wurde am Markt mit dem Bau einer Feldsteinkirche begonnen. Wie viele andere in der Mark soll sie aus einem einschiffigen Langhaus und einem ebensolchen Chor bestanden haben. „Leider sind über diese ersten Baugeschehen keinerlei Daten und Einzelheiten bekannt", sagt Wriezens evangelischer Pfarrer Christian Moritz. Diese zunächst recht bescheidene Feldsteinkirche – damals noch ohne Turm – wurde dem Heiligen Nikolaus, dem Schutzpatron der Kaufleute, Fischer, Schiffer, Flößer und Fuhrleute geweiht. Vom Jahre 1415 an heißt sie „Unsere lieben Frauen Kirche". Doch wird der Name „Nikolai-Kirche" noch in einem Visitationsprotokoll von 1540 verwendet. Von da ab wurde die Bezeichnung „St. Marien" angenommen. Die Kirche wurde im Laufe der Jahrhunderte mehrmals umgebaut: Erst entstand eine Basilika, später folgte die Erweiterung zur dreischiffigen Hallenkirche. So entstand die „Kathedrale des Oderbruchs". Die Beendigung des großen Neu- und Umbaues wird für um 1500 angenommen. Mehrere Jahrhunderte stand die Kirche, dann kam der Zweite Weltkrieg. „Man vermutete einen Granattreffer", erklärt Christian Moritz. Weil der Kirchturm aus Holz war, ging dieser sofort in Flammen auf. Ob er anschließend in die Kirche gefallen ist oder diese Feuer fing, weiß er nicht. Jedoch brannte die Marienkirche komplett aus. „Es heißt, dass die Kirche noch zwei Tage gestanden habe, dann aber zusammenfiel", so der Pfarrer. Die Ruine wurde nach Kriegsende von den Trümmern beräumt. Im südlichen Seitenschiff entstanden in den 1950er Jahren Räumlichkeiten für Gottesdienst und Gemeindearbeit. „Im Wesentlichen lebt die Kirchengemeinde noch heute

Vergangenheit: So schön war die Marienkirche um 1914. Foto: Sammlung Schmook

Ansicht von 1945: Trümmerfrauen und Männer stehen vor der Kirchenruine. Das südliche Seitenschiff wird in den 1950er Jahren als Notkirche nutzbar gemacht. Foto: privat

Ohne Dach: Die Ruine der Marienkirche Wriezen wird regelmäßig für kulturelle Veranstaltungen genutzt. Mit Hilfe von Benefizkonzerten wird der Wiederaufbau vorangetrieben. Foto: Oliver Voigt

in diesem Provisorium", betont Pfarrer Moritz. Die Marienkirche stand in den 1960er und 1970er Jahren mehrmals vor dem Abriss oder der Sprengung. Sie stand dem Wiederaufbau der Stadt im Wege, hieß es damals. Später war das Interesse am Abbruch der Ruine erloschen. Die dachlose steinerne Hülle trotzte seit der Zerstörung am 18. April 1945 bis zur Wende dem Verfall.

Am 20. April 1991 gründete sich der Förderverein Marienkirche Wriezen. Und seitdem geht es mit dem Wiederaufbau Stück für Stück voran. Nachdem in den 1990er Jahren der Turmschaft gesichert werden konnte, begannen in diesem Jahr die Sanierungsarbeiten an der Ruine. Architekt Rainhardt Pavlitschek weiß um das Kleinod in Wriezen: „An der Turminnenwand sind besonders eindrucksvoll die Bauetappen der Jahrhunderte abzulesen."

Der Gemeindekirchenrat, die Mitglieder des Fördervereins und viele Spender wünschen sich einen zügigen Weiterbau. Denn der Siegerentwurf des Architekturbüros Pro_3 aus Seelow sieht ein schützendes Dach samt einen Ausbau zu einem multikulturellen Zentrum vor.

Dort soll auch das einzige Überbleibsel der Marienkirche wieder einen Platz finden: ein Engelchen vom alten Taufstein.

Sabine Steinbeiß

Straßenseite des Schul- und Bethauses Wuschewier im Jahre 1957.

Wuschewier hieß bei seiner Gründung als Koloniesiedlung im Jahre 1757 zunächst Carlsburg, wurde aber bald nach dem „Wuschewiere“ genannten Fließ umbenannt, an dem das Dorf sich entlangzieht. Am Knickpunkt der Dorfstraße steht seit 1764 das Schul- und Bethaus, dessen Ursprungsbau in Fachwerk und mit Rohrdach bis auf den nördlichen Abschluss bis heute erhalten geblieben ist. Es vereinte Betsaal, Schulstube, Lehrer- und Hirtenwohnung unter einem Dach.
Das langgezogene Fachwerkgebäude wurde durch Anbauten mehrmals erweitert. Zuerst ist der Betsaal nach Süden verlängert worden. 1850 erfolgte ein Anbau nach Norden zur Vergrößerung der Schulstube. Schließlich wurde 1855 der Glockenturm errichtet. 1907 entstand in unmittelbarer Nähe ein modernes Schulgebäude, worauf leider die Schulstube als Bestandteil des Ursprungsbaus abgerissen wurde.
Man betritt den Kirchsaal durch einen kleinen Vorraum von der Straße, die ehemalige Lehrerwohnung vom Garten aus. Der Innenraum mit seinen auf sieben schlichten Stützen ruhenden Emporen überrascht durch seine Großzügigkeit. Der Fußboden ist mit roten Ziegeln belegt, während die Wände weiß und hellgrau gestrichen sind. Die Emporenbrüstungen tragen ein gedecktes Rot. Vor dem einfachen Altar steht der Taufstein, etwas entfernt ein einfaches Lesepult. An den Wänden hängen erneuerte Gedenktafeln für die Gefallenen des deutsch-französischen Krieges von 1870/71 und der beiden Weltkriege. Vor dem Zweiten Weltkrieg hingen an den Emporen teilweise volkskünstlerisch wertvolle, bunt bemalte Totentafeln und kunstvoll geflochtene Totenkronen, die nach dem Krieg leider aus dem Gotteshaus entfernt wurden.
1947 richtete das Oderhochwasser am Schul- und Bethaus schwere Schäden an. Die unteren Lehm-

gefache waren herausgespült und sind später mit Ziegeln neu ausgefacht worden.
Im Jahre 1958 musste die schadhafte Rohrdeckung erneuert werden. Gleichzeitig wurden die Emporenbrüstungen neben der Orgel durch Brettbaluster, ähnlich wie über dem Altar, ersetzt. Auch die 1850 von Mieckley in Freienwalde gebaute Orgel wurde repariert. Zur Vermeidung größerer Schäden renovierten 1975 Gemeindeglieder die Außenhülle samt Ausbesserung des Rohrdaches. 1982 erneuerten Fachleute das Dach und den Außenanstrich. 1987/88 wurde der weggesackte Turm wieder gehoben und instand gesetzt.
In den 1990er Jahren befand sich das Gebäude erneut in einem schlechten baulichen Zustand. Durch das Anwachsen des Bodens waren die Schwellen nahezu verrottet und teilweise nach außen herausgebrochen. Die Außenwände hatten sich gesenkt und zum Hausinnern geneigt. Das Dach war im Umfeld der Gaupe und entlang des Firstes nicht mehr dicht. Zur Fortsetzung der Sanierung fehlten der Kirchengemeinde die Mittel. Um aus dieser ausweglos scheinenden Situation herauszukommen, gründete sich 1995 der „Förderverein Schul- und Bethaus Wuschewier e. V." Man begann mit dem Geldsammeln und hoffte einige Zeit vergeblich auf staatliche Förderung. Der damals 72-jährigen Lehrerin Ursula Hinz aus Neufahrland ist es zu verdanken, dass sich die Hamburger Hermann Reemtsma Stiftung über den Förderverein mit 400 000 Euro an der Wiederherstellung des Innenraumes beteiligte. Insgesamt kostete die Restaurierung des Wuschewierer Schul- und Bethauses 950 000 Euro. Am 27. September 1997 fand die feierliche Wiederinnutzungsnahme des Hauses statt. Mit der Restaurierung der Orgel, die am 10. Mai 1998 feierlich in Betrieb genommen wurde, war die Sanierung dieses eindrucksvollen Baudenkmals beendet.

Reinhard Schmook

Foto: Michael Märker

Kirche mit Schinkel-Einflüssen: Vor 170 Jahren wurde die Kirche eingeweiht, im Krieg wurde sie beschädigt und später abgerissen. Foto: Kirchenchronik

Das Pfarrhaus Zechin wurde 1945 zerstört und 1952/53 mit verändertem Aussehen wieder aufgebaut. Foto: Kirchenchronik

Die Zechiner hatten immer eine besondere Beziehung zum Glauben. Davon kündet auch die Sage von der Jedute. Das war ein slawischer Abgott, der im Dorf wie ein Roland aufgerichtet war. Erst im 16. Jahrhundert wurde er umgeworfen und verbrannt. Zu Glück und guter Nahrung soll er verholfen haben.

Heute sind es in Zechin vor allem die Erntedankfeste, die zu Höhepunkten im Gemeindeleben gestaltet werden. Cornelia Markwart hat viele Alben mit Fotos, die davon künden. Gemeinsam mit Hiltrud Kalliske und dem im Pfarrhaus wohnenden Bernhard Enderlein kümmert sie sich darum, dass das Haus versorgt, der Gemeindesaal geschmückt ist. „Uns unterstützt auch die Gemeinde sehr", betont Pastorin Anja Grätz. Vor allem der 1997/98 im Rahmen einer ABM wieder hergerichtete Bereich des Sockelfundamentes der Kirche wird mit Hilfe der Gemeinden in Schuss gehalten. Es ist ein würdiger Ort der Erinnerung: In den letzten Kriegstagen 1945 wurde etwa 95 Prozent des 2 000-Einwohner-Dorfes zerstört.

Sie kümmern sich um Pfarrhaus und Gemeindesaal: Vikar Robert Parr, Familie Darnstedt, Hiltrud Kalliske, Cornelia Markwart, Pastorin Anja Grätz und „Glöckner" Bernhard Enderlein. Foto: Johann Müller

Vor 175 Jahren wurde begonnen, im damals aufstrebenden Zechin eine neue Kirche an Stelle der alten zu bauen. Das erwies sich jedoch als schwierig, weil der Baugrund sumpfig war. Die Kirche wurde 1840, zehn Tage vor Karfreitag, feierlich eingeweiht. Bernhard Enderlein erinnert sich gern an dieses Gotteshaus, an den Religionsunterricht und vor allem an Pfarrer Friedrich Linke, der von 1936 bis 1945 dort gepredigt hatte. Stets hatten die Nationalsozialisten dort Kontrolleure sitzen, wenn Gottesdienst war, weiß Enderlein. Als er am 27. Mai 1947 aus der Kriegsgefangenschaft zurück ins kriegs- und hochwasserzerstörte Heimatdorf kam, waren Pfarrhaus und Kirche nur noch Ruinen. Pfarrer Martin Brauns, seit 1950 im Amt, leitete die Aufbauarbeiten am Pfarrhaus, 1952 konnte ein Gemeindesaal im Pfarrhaus eingeweiht werden. Wo zuvor die Gottesdienste stattfanden, weiß auch der Zeitzeuge nicht mehr. Die Steine der Kirche wurden anderweitig verbaut.

Heute wächst inmitten des Kirchenschiffs eine etwa 55 Jahre alte Ulme und spendet vor allem bei den dort stattfindenden Goldenen Konfirmationen Schutz und Schatten. Vor zwei Jahren war es der Kirchengemeinde gelungen, das Pfarrhaus vor dem zweiten Verfall zu bewahren. Vor allem der Gemeindesaal hatte bedrohliche Risse gezeigt. Dank eines finanziellen Zuschusses der Landeskirche und mit Spenden konnte das Gotteshaus für 30 000 Euro saniert werden. Ein großes Geschenk für die Kirchengemeinde im vorigen Jahr, berichtet Bernhard Enderlein. Der einstige Sicherheitsinspektor der Zuckerfabrik Voßberg sorgte dafür, dass ein elektronisches Läutwerk die beiden 1957 eingeweihten Glocken im Schauer neben dem Pfarrhaus zum Klingen bringt. Was ihm als langjährigem Glöckner von Zechin zwar die Arbeit abnimmt. Aber nun hat er noch mehr Zeit, sich um das gesamte Anwesen zu kümmern. „Was würden wir ohne ihn machen?" fragt Anja Grätz dankbar.

Ulf Grieger

BUCHREIHE **EINST UND JETZT**

EDITION
BRANDENBURG

In der Buchreihe EINST UND JETZT
der Edition Brandenburg erscheinen außerdem:

EINST UND JETZT
BAD FREIENWALDE

EINST UND JETZT
COTTBUS

EINST UND JETZT
EBERSWALDE

EINST UND JETZT
EISENHÜTTENSTADT

EINST UND JETZT
FRANKFURT (ODER) / SŁUBICE

EINST UND JETZT
RÜDERSDORF

EINST UND JETZT
SCHWEDT

EINST UND JETZT
STRAUSBERG

EINST UND JETZT
20 JAHRE LAND BRANDENBURG

EDITION BRANDENBURG
EINST UND JETZT
BAD FREIENWALDE
Märkische Oderzeitung
CULTURCON medien

EDITION BRANDENBURG
EINST UND JETZT
FRANKFURT (ODER) / SŁUBICE
Märkische Oderzeitung
CULTURCON medien

EDITION BRANDENBURG
EINST UND JETZT
RÜDERSDORF BEI BERLIN
Märkische Oderzeitung
CULTURCON medien

EDITION BRANDENBURG
EINST UND JETZT
EISENHÜTTENSTADT
Märkische Oderzeitung
CULTURCON medien

EINST UND JETZT
SCHWEDT/ODER
Märkische Oderzeitung
CULTURCON medien

EDITION BRANDENBURG
EINST UND JETZT
LAND BRANDENBURG
Märkische Oderzeitung
CULTURCON medien

EDITION BRANDENBURG
EINST UND JETZT
STRAUSBERG
Märkische Oderzeitung
CULTURCON medien

EINST UND JETZT
EBERSWALDE
Märkische Oderzeitung
CULTURCON medien

EDITION BRANDENBURG
EINST UND JETZT
COTTBUS
Märkische Oderzeitung
CULTURCON medien

In der Buchreihe **Stadt & Land Portraits** der Edition Brandenburg ist erschienen:

Der Sage nach war es der Teufel, der den Spreewald geschaffen hat. Das zu glauben, mag heute schwer fallen – die Idylle der Fließe, die vielfältige Natur und die lebendigen, aber zugleich Jahrhunderte alten Traditionen verzaubern den Besucher. Das Buch will Gäste und Einheimische gleichermaßen dazu anregen, sich Zeit zu nehmen, um abseits der Touristenpfade den Spreewald zu entdecken. Die Übersetzungen ins Englische machen zudem das Buch zu einem schönen Gastgeschenk.

Attraktiver Bildband
14,95 €

Überall im Buchhandel oder unter *www.culturcon.de* sowie *www.moz.de*